정암 김종철의 양택풍수 이야기

만화로 읽는 실전 풍수 인테리어

明堂과 發福
명당이 부자를 만든다

글/그림 공문룡 감수 김종철

행복을만드는세상

공문룡

만화가이며 프로덕션을 운영하고 있다. 오랫동안 방송국 다큐멘터리 작가로 활약했으며 많은 만화를 그렸다. 지은 책으로 〈행복을 만드는 집(전3권, 생각하는 백성)〉외 다수가 있다.

정암 김종철

- 1931년 강원 원주 소초면 출생
- 河南張龍得先生學問傳受
- 韓國日報 문화센터 (風水科 연구반 講師) 10년간
- 東亞日報 문화센터 (風水科 연구반 講師) 10년
- 中央大建設大學院 (風水科 講師) 5년
- 高麗手指鍼學會 (風水科 講師) 28년
- 淸州 西原大學 (風水科 講師) 99년 3학기

저서
- 明堂入門 86年
- 明堂要訣 90年
- 명당과 길지(만화) 95年(전 4권)
- 명당 백문백답
- 일요서울 주간일보에 '실용풍수' 연재
- 실전 풍수 인테리어 1,2,3권 96年
- 주택풍수인테리어 2003年
- 사업풍수인테리어 2003年

만화로 읽는 실전풍수 인테리어
명당이 부자를 만든다

초판 1쇄 인쇄 - 2017년 9월 20일
글 그림/ 공문룡 감수 김종철
편집 제작 출판 - 행복을 만드는 세상
발행인 - 이영달
출판등록 - 제6-806호
서울시 동대문구 신설동 97-8
마켓팅부 - 경기도 파주시 탄현면 금산리 345-10(고려물류)
전화 - 02) 902-2073
Fax - 02) 902-2074

* 이책에 대한 무단 전재 및 복사를 금합니다.
* 잘못된 책은 구입하신 서점에서 바꾸어 드립니다.

정암 김종철의 양택풍수 이야기

만화로 읽는 실전 풍수 인테리어

明堂과 發福
명당이 부자를 만든다

글/그림 공문룡 감수 김종철

이 책을 읽기 전에

풍수 지리는 동양문화의 뼈대랄 수 있는 주역을 모체로 삼아 발전해온 문화유산이다. 고대 중국에서 발원한 이 독특한 사상이 우리에게 전해진 뒤로 썩 오랜 세월에 걸쳐 사람들의 정신에 혹은 실생활에 적잖은 영향을 주었다.

 근자에 들리는 말로는 동양의 풍수지리가 이미 오래 전부터 서방세계로 건너가 다각적인 연구를 거쳐 그들 나름대로 실생활에 보탬을 꾀하고 있다는 것이다. 합리적인 사고방식을 최고의 덕목으로 삼는 서양 인들이 동양의 풍수지리를 수용한다는 것은 그들 상식으로도 납득할 만한 소지가 충분하다는 뜻이다. 다시 말해서 풍수지리가 삶의 질을 높이는 면에서 긍정적인 구실을 한다는 점이 객관성 있게 받아들여진 다는 얘기다.

 이 책자를 만들게 된 뜻도 그런 사회 현상을 인식한 기획의 하나다.

 본인이 50여 년을 외길 풍수로 살아가면서 때로는 무릎을 치고 더러는 탄식을 금치 못했던 풍수의 오묘한 이치를 모두가 이해하기 쉽게 설명하려고 만화로 만들었다.

 조금이라도 풍수지리에 호감을 지닌 사람들이나 조상의 슬기를 받아들여 삶의 질을 높이려는 사람들에게 이 책이 기꺼이 작은 밀알이 되기를 바란다.

 명당이 부자를 만든다 ▶ 차례

제1장 쉽게 명당 찾는 생활풍수 인테리어

왜 사람들은 명당明堂을 찾을까? ▶ 13

명당明堂이란? ▶ 31

형국론形局論이란? ▶ 45

어디가 명당일까? ▶ 123

입수란 무엇일까? ▶ 139

청룡백호란 무엇일까? ▶ 144

혈穴이란 무엇일까? ▶ 168

전순氈脣이란 무엇일까? ▶ 170

선익蟬翼이란 무엇일까? ▶ 177

혈상穴象이란 무엇일까? ▶ 183

안산案山이란 무엇일까? ▶ 191

사격砂格이란 무엇일까? ▶ 204

오행염五行廉 ▶ 229

발복(發福)과 재액(災厄)이란 무엇일까? ▶ 245

제2장 만가(상여소리)

만가(상여 나갈 때 부르는 노래) ▶ 256

정암 김종철의 양택풍수 이야기

만화로 읽는 실전 풍수 인테리어

明堂과 發福
명당이 부자를 만든다

글/그림 공문룡 감수 김종철

1

만화로 보는 실전풍수 인테리어

명당이 부자를 만든다

쉽게 명당 찾는 비법

실전풍수 인테리어

왜 사람들은 명당明堂을 찾을까?

명당!
밝을 명(明), 집 당(堂).
풀어 얘기하자면 좋은 집터 위에 풍수 이치를 좇아 지은 집을 이르는 말이다.

그러나 사람들은 묏자리로 좋은 장소도 명당(明堂)이라 부른다.

명당!

원래 집은 「명당(明堂)」, 무덤은 「명혈(明穴)」이라고 해야 맞는 건데……

우리 조상들이 하나같이 효(孝)를 숭상하며 살았고…

돌아가신 부모를 좋은 땅, 길한 땅에 모시는 것 또한 효의 덕목으로 알았다.

또 조상의 길한 자리에 모시면 그것이 복(福)이 되어 자손에게 돌아온다고 믿었다.

복(福)이란 무엇인가?
국어사전을 보면 '편안하고 만족한 상태.
그리고 그에 따르는 기쁨. 좋은 운수(運數)'라고
풀이했다.

좀 더 구체적으로 복에 대한 예를 들자면…

부자(富者)가 되는 것!

건강하게 오래 사는 것

현모양처를 만나게 되고

남들이 부러워할 만한 자식을 두는 것

가문(家門)이 귀하게 되는 것 등이 일반 사람들이 말하는 복이다.

복!

사람들 중에는 복에 대한 욕심이 지나친 나머지…

명당이라는 이름이 붙은 곳마다 이장(移葬)을 해가며 극성을 떠는 후손도 있는 게 현실…

그러나 내 욕심이 앞서는 명당 모시기는 결코 효가 아니다.
그것이 조상을 되레 욕되게 하는 짓이다.

재가 잘 아는 사람 중에 그런 예가 있었단다.

돈푼깨나 굴리는 중소기업가 L씨…

그가 우연히 풍수지리 강의를 들으러 왔다가 명당과 발복에 대한 얘기를 들었지!

우아~ 명당에 모시기만 하면 발복을 한다구?

그렇다면야 머뭇거릴 게 뭐 있어? 돈 있겠다! 당장 명당을 손에 넣어야지!

옛날 어른들은 그런 말씀을 하셨다.

'명당은 임자가 있다'고.

남에게 적선을 하고 효를 행하는 사람에게 명당 차례가 온다는 말도 같은 뜻이다.

그래야만 적선(積善), 효(孝)행의 보답이 될 테니까.

하지만 세상이 어디 그런가? 옛날이나 지금이나 돈 있고 세도 부리는 측들은 유명한 풍수를 풀어 명당 찾기에 혈안이 되는 게 세상이니 딱한 일이다.

명당(明堂)이란?

그렇다면 어떻게 생긴 것이 명당인가?

제일 설명하기 수월한 방법을 들자면….

명당으로 알려진 자리를 찾아가 보는 것! '백문이 불여일견' 이다.

망우리 고개 너머 구리시에 있는 동구능에는 태조 이성계가 묻힌 건원능이 있다.

풍수 용어로 건원릉은 용(用)자형 자세.

천지음양일월도합격지(天地陰陽日月都合格地)라 하는 대명당(大明堂)이다.

혈! 말하자면 '땅의 정기가 몰려 있는 끝내주는 묏자리인 혈은 저마다 크기가 다르다.

크기가 가장 큰 혈을 국반혈(國班穴)이라 한다.
제왕이 난다는 1급혈이다.

국반혈이면 부자가 나도 나라 안에서 손꼽히는 부자가 나게 되고 후손이 정승자리에 오르는 것도 국반혈쯤 돼야 가능하다.

혈의 크기에 따라 발복이 되는 기간도 차이가 있으니 국반혈은 2백년에서 3백년 도반혈은 1백년 안팎이다.

서민의 집이라도 1백년 발복이면 3대가 복을 받는 셈이니 아들에서 손자 대가 되면 삼공(三公). 즉 정승이 나올 만도 하다.

생각해 봐라!
괜히 욕심을 부려 국반혈쪽을 넘봤다가는 당장 왕의 자리를 노리는 놈이라 하여….

국반혈!

이렇게 되기 십상인데 누가 겁 없이 국반혈을 탐내겠느냐?

하긴 그렇네요.

중전으로 간택되는 딸도 도반혈쯤 돼야 나온다.
아무나 왕비가 될 수 있는 건 아니라는 얘기다.

중전이 누굴 낳는가?
왕자를 낳지!
왕자는 자라서 왕이 되고….

왕비의 친정은 외척으로 세도가 높아지니 그런 영광이 없지.
그래서 지금도 내로라하는 가문의 조상 묘를 보면
「도반혈」자리가 대부분이다.

도반혈보다 더 작은 혈이 향반혈(鄕班穴)이다.
향반이란 요즘의 1개 군 단위를 의미한다.

조상을 향반혈에 모신 집안은
그 자손들 중에서 군수(郡守)급
벼슬아치가 난다.
좋은 얘기지! 암!

또 향반혈에서 부자가 났다 하면 군내(郡內)에서 으뜸가는 부자가 난다.
하잘 것 없던 가문이 우뚝 일어난 내막을 알아보면 이런 향반혈의 보이지 않는 음덕을 입은 경우가 많다.

알려진 명당을 몇 군데 열거하자면,
우선 경기도 여주 영릉에 세종대왕릉이 있고

충남 예산 덕산에 있는 남연군 묘도 흥선대원군의
아버지 묘로 2대천자지지(二代天子之地)라 일컫는
소문난 명당!

전남 해남군의 고산 윤선도 묘를 비롯해서
충남 아산 유봉면의 윤득실 묘가 명당이며….

큰 부자가 난 묏자리로는 전남 보성군 미력면의 박성환 묘!

그의 손자 대에 이르러서는 8만 석을 누리는 부를 안겨준 명당으로 알려져 있다.

또 전남 진도읍의 현풍 곽씨 곽호례의 묏자리도 백자천손지지(百子千孫之地), 문무겸전(文武兼全)의 명당으로 알려진 자리다.

풍수가 명당을 찾는 일은 심마니가 산삼을 찾는 일만큼이나 어려운 작업이다.

먼저 산세를 보고….

물의 흐름도 살피고….

마치 의사가 환자의 이모저모를 살펴 아픈 원인을 알아내듯 땅의 이치를 좇아 꼭꼭 숨어 있는 혈(穴)을 찾아내는 게 풍수의 임무다.

형국론(形局論)이란?

형국(形局)이란 모양을 이룬
생김새라는 뜻이다.
풍수지리에서
형국이란 혈을 가리키는
안내판과 같은 구실을 한다.

보물이 있는 곳을 표시해 둔 보물지도라고나 할까.

형국론의 기본 개념은 무엇인가? 그것은 「우주 만물은 저마다 그렇게 생긴 이유가 잇고 또 그에 따르는 기(氣)가 있다」는 이론과

형국론에서도 혈이 있는 위치를 중심으로 산천의 짜임새를 보아 이름을 붙이는데 그 이름에 보편타당성이 있어야 한다.

옥녀등공형이니 좋은 자리여!

「모양을 이루는 곳에는 반드시 그에 상응하는 기상(氣象)과 기운(氣運)이 있다」는 이론이다.

형국론에 등장하는 사물은 매우 다양하다. 사람을 비롯해서 동물, 식물, 곤충 그리고 물건에 이르기까지…

왜냐하면 옥녀형국에서는 음부에 해당하는 곳에는 샘이 솟는 경우가 대부분인데…
혈의 이름은 겸혈(鉗穴)이라 하고 현윤곽에 상수(相水)선이 분명해야 진혈이다.

중요한 것은 그 샘물이 맑은지 아니면 탁한지, 냄새가 좋고 나쁜지에 따라 조건이 달라지기 때문이다. 말하자면 득수(得水) 파구(破口)에 물을 감정하는 게지.

즉 샘물이 맑고 냄새가 좋은 편이라야 명당이다.

그러나 반대로 물이 흐리거나 고약한 냄새가 나면…

그것도 모르고 그 자리에 묘를 쓰면…

명당이 아니라 화(禍)를 부르는 망지(亡地)가 된다.

집안에서 상피(相避)를 붙는 일이 생기게 된다.

특히 옥녀개각형(玉女開脚形)이라해서 옥녀가 다리를 벌린 형국의 경우가 그러하다.

옥녀가 비단을 짜는 형국인 옥녀직금형(玉女織錦形)도 명당이다.

옥녀직금형에 묘를 쓰면 후손 중에 큰 부자가 난다.

옥녀직금형에서 혈은 어디냐?

북!

혈자리는 실을 감은 북모양인 자리에 있다.

형국론에는 안산(案山)이 필요하다.
안산이란 묏자리 앞에 보이는 작은 산을 가리키는데…

예를 들어 옥녀가 화장을 하는 형국인 옥녀단장형(玉女端粧形)의 경우에는…

이때 옥녀는 머리를 빗는 형국이므로 혈앞에 머리를 빗는데 쓰이는 빗을 상징하는 안산(案山)이나

혈 부근에 거울을 상징하는 안산(案山)이 있어야 한다.

장군형국(將軍形局)도 안산이 있고 없음에 따라 혈의 값어치가 달라진다.

장국형국의 안산은 주로 깃발이나 출진을 알리는 북, 또는 병졸들을 의미하는 산들이 혈 주위에 있어야 하는데…

다양한 장군형국에 걸맞은 안산이 갖춰져야 옳은 명당이 된다.

예를 들자면 장군대좌형(將軍對坐形)에서 회의실 탁자 구실을 하는 부분이 혈!

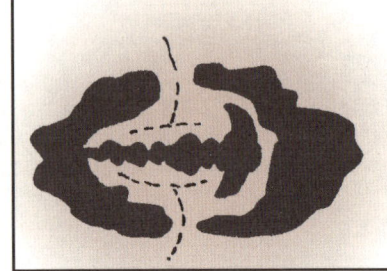

장군대좌형에서는 삼군안(三軍案)이라 해서 장군을 따르는 부하들을 상징하는 안산이 혈앞에 있어야 한다.

장군 형국에 묘를 쓰면 자손이 번창함은 물론 가문이 영화를 누리게 된다.

장군이 전투에 임하여 북을 치는 형국인 (장군격고형·將軍擊鼓形)도…

혈의 좌우 쪽에 깃발을 꽂은 형국의 안산이 있어야 한다.

장터는 사람들이 모여드는 곳!
그 사람들이 〈장군대좌형국〉에서 필요로 하는 병졸 형국의 안산 역할을 맡았다. 우암 송시열의 묘는 그래서 명당이 됐다.

고령 박씨 문중의 인물인 어사 박문술의 묘도 장군대좌형이다.

그의 묘는 충남 천안군 북면의 은석산에 있는데…

그의 묘지도 장군대좌형국에 필요한 부하 구실의 안산이 없다. 그래서 안산 대신 살아 있는 사람들을 안산으로 삼는 오일장을 만들었다.
그것이 지금의 병천시장이다.

새가 등장하는 형국의 특징은 주변의 산봉우리들이다.

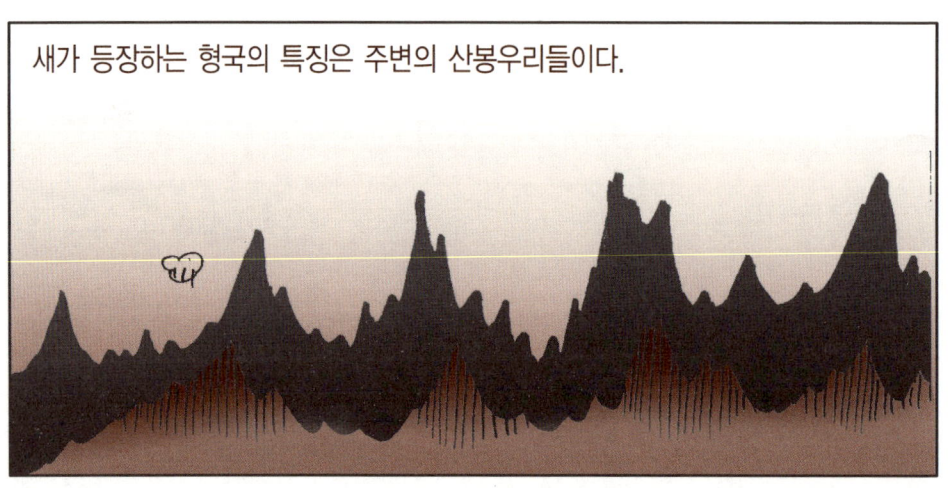

뽀족뽀족한 생김이 특징이다.

형국론에서는 이처럼 뽀족뽀족한 산봉우리들을 새의 날개에 비유하고 있다.

따라서 그처럼 뽀족뽀족한 모양의 산봉우리들이 겹겹이 에워싼 모양이어야 제대로 격을 갖춘 (새의 날개형국)이라 한다.

새가 등장하는 형국에서 명당자리인 혈을 짚는다면 세 군데쯤 된다.

적어도 그곳이 정말 새의 형국이라면…

① 새가 알을 품는 자리
② 새의 날개 부분
③ 새의 머리에 해당하는 부분에 혈이 있다.

흔히 새의 보금자리 부분에 혈(穴)에 묏자리를 쓰면…

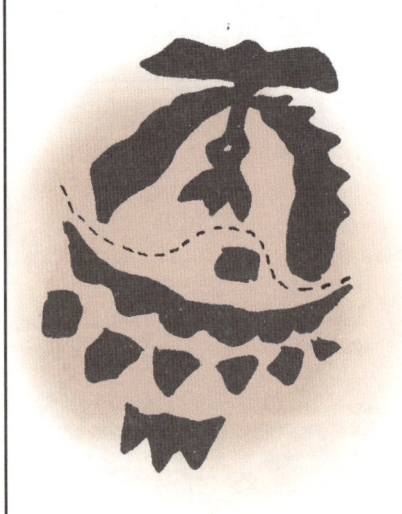

그 후손에게 빠르게 복이 온다.

조상의 음덕으로 그 후손이 복을 받는데, 어떤 후손은
오랜 시간이 지나서야 복을 받는가 하면,

[금시발복]이니 [당대발복]이니 해서 묏자리를 쓴 지
얼마 안 되어 팔자가 활짝 펴는 후손도 있다.

바로 [새의 알자리]혈에 부모를 모신 후손이 그처럼
빠른 발복의 주인공이 된다.

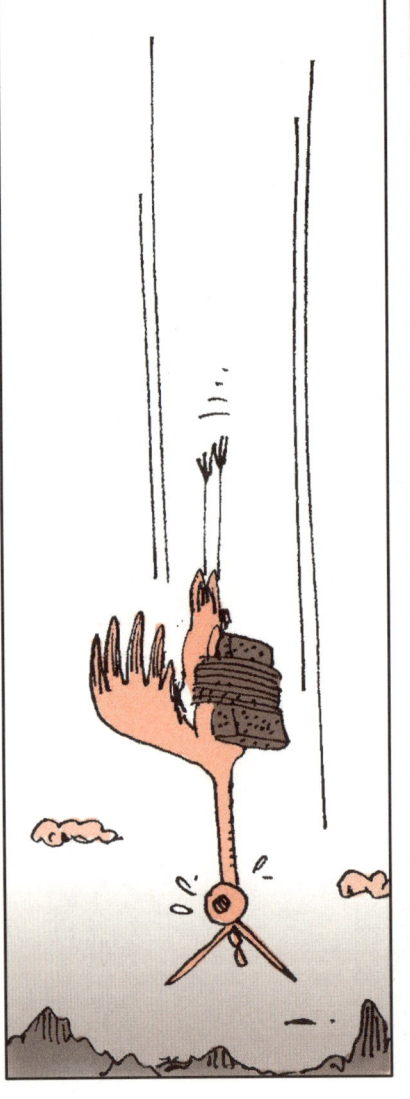

새 외에도 하늘을 날아다니는 존재가 또 있다.
그건 용(龍)이다.

따라서 용의 형국의 묏자리도
석물(石物)을 세우면 안된다.

용의 몸에 돌을 매어달아 추락시키는 격이 되기 때문이다. 그렇게 되면 명당이 흉한 망지가 되는 수가 많다.

망자

예를 하나 들어보자!
5공화국 때 권력의 핵심이었던
김재규 중정보부장!

그의 부모 묏자리는 본래 비룡등공형(飛龍騰空形)의 명당이었다.

그 명당 음덕으로 출세를 해서 나는 새도 떨어뜨린다는 중정부장이 됐다는 해석도 있다.

그런데 누군가 김재규에게 잘 보이고 싶은 사람이 있었다.

하이고~ 일국의 중앙정보부장 부모의 묘가 석물 하나 없이 이처럼 썰렁해서야…

상관마라! 여기 이래야 명당이거늘…

암꿩인 까투리가 숲속에서 알을 푸고 있는 형국을 복치형(伏雉形)이라고 하는데…

역시 명당이다.

경기도 개성에 있는 파평 윤씨 조상의 묘지가 복치형인데…

재미있는 것은 그 주변을 독수리, 매, 개형국의 산세가 에워싸고 있다는 점이다.

주변의 세 강대국이 누구도 먼저 스위스를 침범하지 못하게 서로 감시를 하는 한….

가운데 있는 스위스는 안전하다.

꿩도 스위스처럼 세 가지 동물이 서로 벼르고 있는 한 새끼를 치며 안전하게 지낼 수 있다.

이제야 이해가 가냐?

아하.

파평 윤씨 집안은 그 복지형 명당 덕분에 자손이 번창했고 가문에서 여러 명의 왕비를 냈으니 자연 명문 집안이 됐지!

소! 우리 민족은 소를 요긴하게 썼다.

농사를 짓는데 없어서는 안 될 에너지원이었기 때문이다.

그래서 소를 사람이나 다름없는 식구라는 듯에서 생구(生口)라고도 했다.

그뿐인가?
소는 하늘의 뜻을 알리는 영물로도 대접했다. 그래서 풍수지리에도 소가 등장하는 형국의 명당자리가 있다.

소로 표현되는 명당혈은 여덟 가지 쯤으로 분류할 수 있다.

와우형(臥牛形)
우면형(牛眠形)
행우경전형(行牛耕田形)
우무형(牛舞形)
우미형(牛尾形)
황우도강형(黃牛渡江形)
갈우음수형(渴牛飮水形)
치독고모형(雉犢顧母形)
와우형(臥牛形)

소형국 중에 제일 많은 것이 와우형 누워있는 소의 모습을 한 형국이다.

봐라!
이 혈상도가 와우형(臥牛形)이니라.

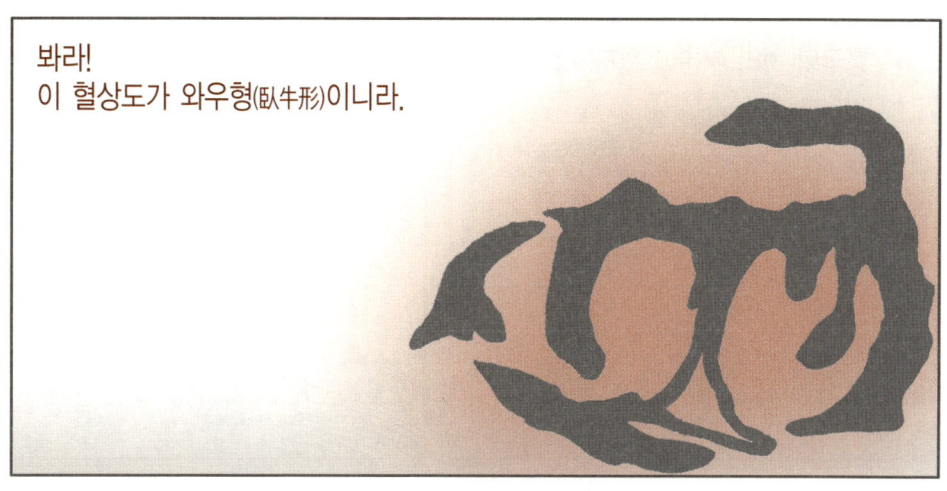

소가 편하게 누워 되새김질을 하는 것은 최고로 편한 자세…

이 형국에서 제일 좋은 명당자리가 어딘고 하니….

허리부분이다. 누우면 제일 편한 부분이 허리거든!

와우형국의 허리 부분에 묏자리를 쓰면 그 집안 가문이 번창하는 복을 받는다.

남제주군 표선면 수산봉. 충북 진천군 이월면. 영동군 상촌면. 전북 부안군 경기도 용인에 와우형국의 산세가 있다.

와우형에서 허리부분 다음으로 좋은 자리는 코와 입부분이다.

코는 숨을 쉬 입은 되새김을 하는 중요한 기관이니까.

명당을 확인해 보는 방법이다.
진짜 명당은 지기(地氣)가 모이는 자리이므로 그 자리에 달걀을 묻어놓으면 병아리가 된다고 했다.

이상하다?
오늘쯤은 땅 밑에서 병아리 울음소리가 들려야 하는데…?

저 달걀은 내가 부뚜막 위에 올려놓고 불을 때는 바람에 익어버린 달걀인데…

주오사의 아들 주중팔(朱重八)로 훗날 명나라 황제에 오른 주원장이다.

춘천의 우두동은 소가 코를 쳐들고 강을 건너는 형국이다.

소슬묘는 우두형국의 혈자리인 코끝 부분!

명당이지!

와우형국에서는 소의 젖부분도 명당이다.

경기도 용인군에 있는 포은 정몽주의 묘!

와우형국의 젖부분에 해당하는 자리에 있다.

소의 젖은 새끼를 키우는 중요한 기관이고 따라서 모든 영양분이 젖에 집중된다. 그러니 그 자리는 명당이 된다.

다 알다시피 정몽주는 이성계의 조선개국을 반대하다가 선죽교에서 피살되었다.

그의 자손들이 시신을 고향인 경상도 영천으로 옮기던 중

용인 부근에서 갑자기 명정이 바람에 날아가 어느 산언덕에 떨어졌다.

아! 여기가 바로 와우형국의 유두혈(乳頭穴)이니 명당이로구나!

유족들은 고향으로 운구하던 채비를 중지하고 정몽주의 시신을 그 자리에 매장했다.

유두혈인 정몽주의 묏자리는 지금도 경기도 내에서 몇째 안 가는 명당으로 꼽히고 있다.

일반적으로 와우형의 코나 입자리나 젖부분 같은 명당 혈에 묘를 쓰면 후손들이 큰 복을 받는 것으로 알려져 있다.

그러나!

명당이 되려면 안산(案山)이 길해야 한다.

안산이 흉하거나 없으면 묏자리가 아무리 좋아도 명당 구실을 제대로 할 수 없는 경우가 많다.

앞에서도 잠깐 언급했지만 안산이란 묏자리에서 앞쪽으로 바라보이는 산을 말한다.

안자는 책상을 의미하는 글자!

옥녀단장형(玉女端粧形)에서 빗을 닮은 안산이 앞에 있고 게다가 옆쪽으로 거울을 상징하는 산까지 있어주면 더 좋다.
어디 그뿐인가!

거울 역할의 옆산이 잇고 반대쪽으로 화장대를 의미하는 안산까지 갖춰진 경우라면…

두말할 것도 없이 천하 명당이다.

화장하는 여자가 빗 있고 화장대 있고 거울이 있으니 다 갖춘 셈이지! 그래서 명당이다.

또 장군 형국 중에서도 장군(將軍)이 북을 쳐서 부하들을 지휘하는 장군격고형(將軍擊鼓形)의 경우…

묏자리 좌우에 깃발을 꽂은 형국의 안산이 있어야만 명당 자격을 갖추게 된다.

돌이 북을 의미함

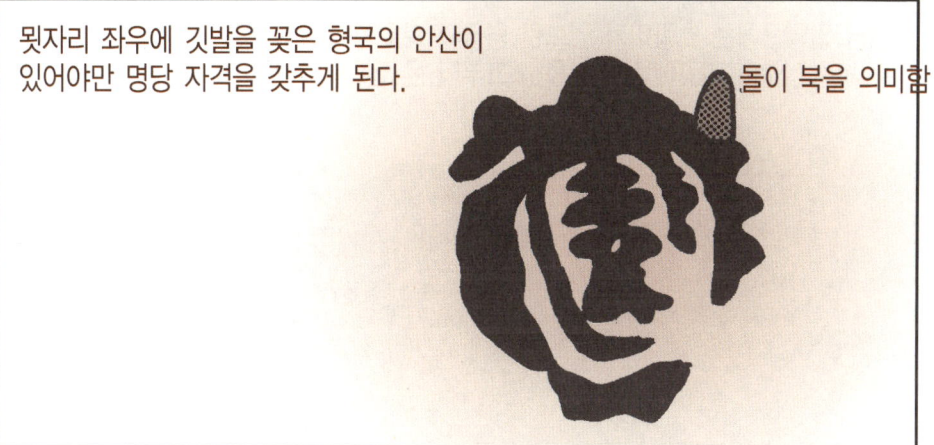

뱀이 개구리를 쫓는 형국인 장사축와형(長蛇逐蛙形)도 마찬가지다.

뱀 앞에는 개구리 쥐 모양의 안산이 있어야 명당이 된다.

경남 밀양군에는 호랑이가 엎드린 형국의 복호형(伏虎形) 명당이 있다.
손씨네 집안이 이곳에 묏자리를 쓰고부터 온 집안이 부유하게 살았다는데…

이 경우도 엎드린 호랑이 앞에 개 모양의 안산이 있음으로써 명당이 됐다.

그것도 호랑이 앞에 누워있는 개형국의 안산이다.

옥녀형국(玉女形局)에는

옥녀단장형(玉女端裝形)
옥녀산발형(玉女散髮形)
옥녀탄금형(玉女彈琴形)
옥녀척릉형
옥녀무수형(玉女舞袖形)
옥녀등공형(玉女騰空形)
옥녀발족형(玉女跋足形)
천녀등천형(天女登天形)
아미명수형(蛾眉明秀形)
옥녀봉반형(玉女奉盤形)
옥녀세족형(玉女洗足形)
옥녀검용형
옥녀격고형(玉女擊鼓形)
옥녀직금형(玉女織錦形)
옥녀개화형(玉女開花形)
옥녀단좌형(玉女端坐形)
미녀헌화형(美女獻花形)
삼녀동좌형(三女同坐形)
난부돌족형
옥녀봉반형(玉女奉盤形)

신선형국(神仙形局)에는…

선인독서형(仙人讀書形)
선인격고형(仙人擊鼓形)
선인대화형
선인답공형(仙人踏空形)
선인무수형(仙人舞袖形)
선인앙장형(仙人仰掌形)
선인탄복형(仙人坦腹形)
선인과학형(仙人跨學形)
선인선족형(仙人跣足形)
선인헌장형(仙人獻掌形)
선인과마형(仙人跨馬形)
선인망월형(仙人望月形)
이선대기형(二仙對碁形)
오선위기형(五仙圍碁形)
운중선좌형(雲中仙坐形)
무선선좌형(舞仙仙坐形)
선인취회형(仙人聚會形)

승려형국(僧侶) 형국에는

호승예불(胡僧禮佛),
유승예불(遊僧禮佛)이 있고

어부(漁父)형국에는

어옹철망형(漁翁撤網形)
어옹설망형(漁翁設網形)
어옹수조형(漁翁垂釣形)이 있다.

장군형국(將軍形局)에는,

장군대좌형(將軍對坐形)
장군출진형(將軍出陣形)
장군전마형(將軍轉馬形)
장군격고부적형(將軍擊鼓赴敵形)
장군단좌형(將軍端坐形)
장군전기형(將軍展旗形)
장군격고형(將軍擊鼓形)
장군무검형(將軍舞劍形)
장군만궁형(將軍彎弓形)이 있다.

그럼 거북형국은 어떤가.

금구음수형(金龜飮水形)
노구예미형(老龜曳尾形)
금구입수형(金龜入首形)
구미형(龜尾形)
금구몰니형(金龜沒尼形)
금구입해형(老龜入海形)
금구하전형(金龜下田形)
구갑주형
영구하산형(靈龜下山形)
부해금구형(浮海金龜形)

뱀형국은 여섯 가지!

황사출수형(黃蛇出水形)
생사청합형(生蛇聽蛤形)
초사토설형(草蛇吐舌形)
사두형(蛇頭形)
용사취회형(龍蛇聚會形)

용(龍)이 등장하는 형국은 상당히 다양하다. 자그만치 28가지나 되니까…

갈룡심수형(渴龍尋水形)
비룡함주형(飛龍含珠形)
회룡고조형(回龍顧祖形)
회룡입수형(回龍入首形)
잠룡입수형(潛龍入首形)
갈룡고수형(渴龍考水形)
오룡쟁주형(五龍爭珠形)
용마음수형(龍馬飮水形)
와룡형(臥龍形)
여룡농주형(女龍弄珠形)
황룡도강형(黃龍渡江形)
회룡은산형(回龍隱山形)
비룡망수형(飛龍望水形)
생룡절수형(生龍截水形)
회룡은유형(回龍隱幽形)
창룡출하형(倉龍出河形)
금룡헌미형(金龍戱尾形)
여룡농주형(驪龍弄珠形)
비룡상천형(飛龍上天形)
구룡쟁주형
황룡출수형(黃龍出水形)
용마세족형(龍馬洗足形)
노룡헌주형(老龍獻珠形)
반룡토주형(蟠龍吐珠形)
반룡헌주형(盤龍獻珠形)
횡룡형(橫龍形)
반룡완월형(蟠龍玩月形)
쌍룡농주형(雙龍弄珠形)

말(馬)형국은 네 가지,

옥마형(玉馬形)
호마음수형(湖馬飲水形)
약마부적형(躍馬赴敵形)
천마시풍형(天馬嘶風形)

말은 태양을 상징하고 남성다움을 나타내는 동물이지!

한편 호랑이 형국에 묏자리를 쓰면 자손의 벼슬이 높아지는 복을 받는다.

호랑이형국(虎形局)은 여덟 가지
맹호출림형(猛虎出林形)
노호하산형(老虎下山形)
맹호하전형(猛虎下田形)
양호상교형(兩虎相交形)
복호형(伏虎形)
갈호음수형(渴虎飮水形)
수호형(睡虎形)
한호함미형(寒虎喊尾形)

기타 짐승으로 상징되는 형국은 대략 열여섯 가지로 구분하는데…

유어농파형(遊魚弄波形)
금어형(金魚形)
잠두형(蠶頭形)
복해형(伏蟹形)
오공형(蜈蚣形)
사자형
면견형(眠犬形)
복구형(伏拘形)
산구형(産拘形)
면상형(面像形)
백상매아형(白象埋牙形)
비아형(飛蛾形)
비아부벽형(飛蛾附壁形)
낙타재보형(駱駝載寶形)
갈록음수형
옥토망월형

새 형국에 등장하는 새 종류로는 봉황, 닭, 학, 기러기, 박쥐, 거위, 비둘기, 제비, 꿩, 앵무새 따위가 있는데…

비봉쇄익형(飛鳳刷翼形)
비봉포란형(飛鳳抱卵形)
오봉쟁소형(五鳳爭巢形)
단봉함서형(丹鳳啣書(形)
상봉형(翔鳳形)

비봉귀소형(飛鳳歸巢形)
봉소포란형(鳳巢抱卵形)
단봉전서형(丹鳳傳書形)
단봉형(團鳳形)
금계포란형(金鷄抱卵形)
금계욕수형(金鷄浴水形)
금계엄적형
금계숙과형(金鷄宿瓜形)
비안도잠형(飛雁度岑形)
평사하안형(平沙下雁形)
탁목조비공형(啄木鳥飛空形)
비조탁목형(飛鳥啄木形)
소령전시형
금아욕수형(金鵝浴水形)
편복형

구미형(鳩尾形)
연소형(燕巢形)
사치괘벽형(死稚掛壁形)
앵소유지형
앵소포란형
학소포란형(鶴巢抱卵形)
가학조병형(駕鶴朝并形)
학슬형(鶴膝形)
비학등공형(飛鶴騰空形)
신학두형(伸鶴頭形)
선학하전형(仙鶴下田形)
청학포란형(靑鶴抱卵形)

또 작약반개형(芍藥半開形)이나 모란반개형(牡丹半開形)으로 표현되는 형국!

포도 열매로 비유되는 형국도 간혹 있다.

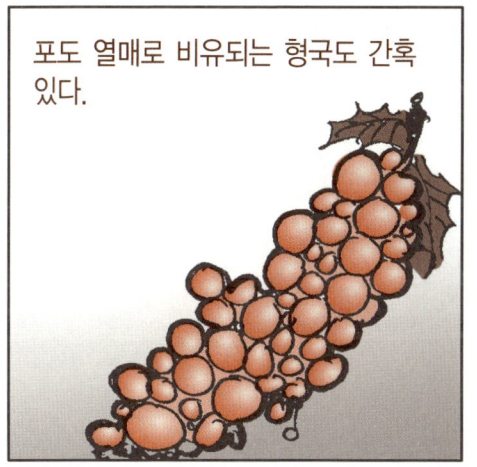

물위에 뜬 개구리밥으로 표현하는 청평부수형(靑萍浮水形)!

그리고 칡잎으로 표현되는 갈엽형(葛葉形)도 더러 있다.

끝으로 여러 가지 물건에 비유된 형국도 매우 다양한 편으로…

달 모양을 닮았다는 반월형(半月形), 신월형(新月形), 초월형(初月形)

쟁반을 닮은 금반형(金盤形), 금반옥호형(金盤玉壺形), 금반옥대형(金盤玉臺形)

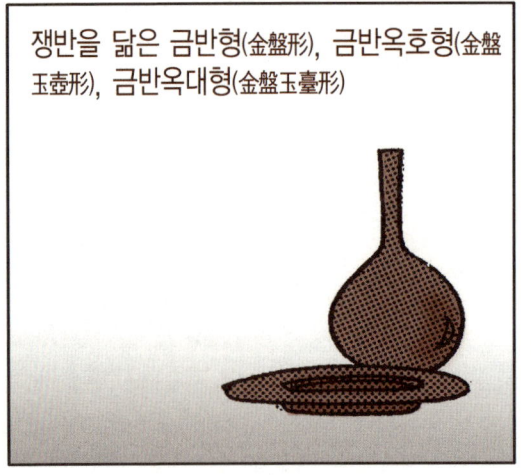

배모양을 닮은 행주형(行舟形)

이밖에도

복종형(伏鐘形)
부사형
위군형(圍軍形)
대종잠화형(對種簪花形)
사중옥립형
단로복화형(丹爐覆火形)
화리금단형(火裡金丹形)
금채형(金釵形)
조천납촉형(照天蠟燭形)
구금일질형(鉤金一叱形)
옥대전요형(玉帶纏腰形)
괘벽금채형(掛壁金釵形)
금규옥간형(金圭玉簡形)
관사정역형(官舍停驛形)
보검출갑형(寶劍出匣形)
당배형(撞背形)
진주형(珍珠形)
옥병저수형(玉瓶貯水形)
옥적형(玉笛形)
풍취나대형(風吹羅帶形)
야자형(也字形)
금채절각낙지형(金釵絕脚落地形)
금환낙지형(金環落地形)
완사명월형(浣紗明月形)
괘등형(掛燈形)

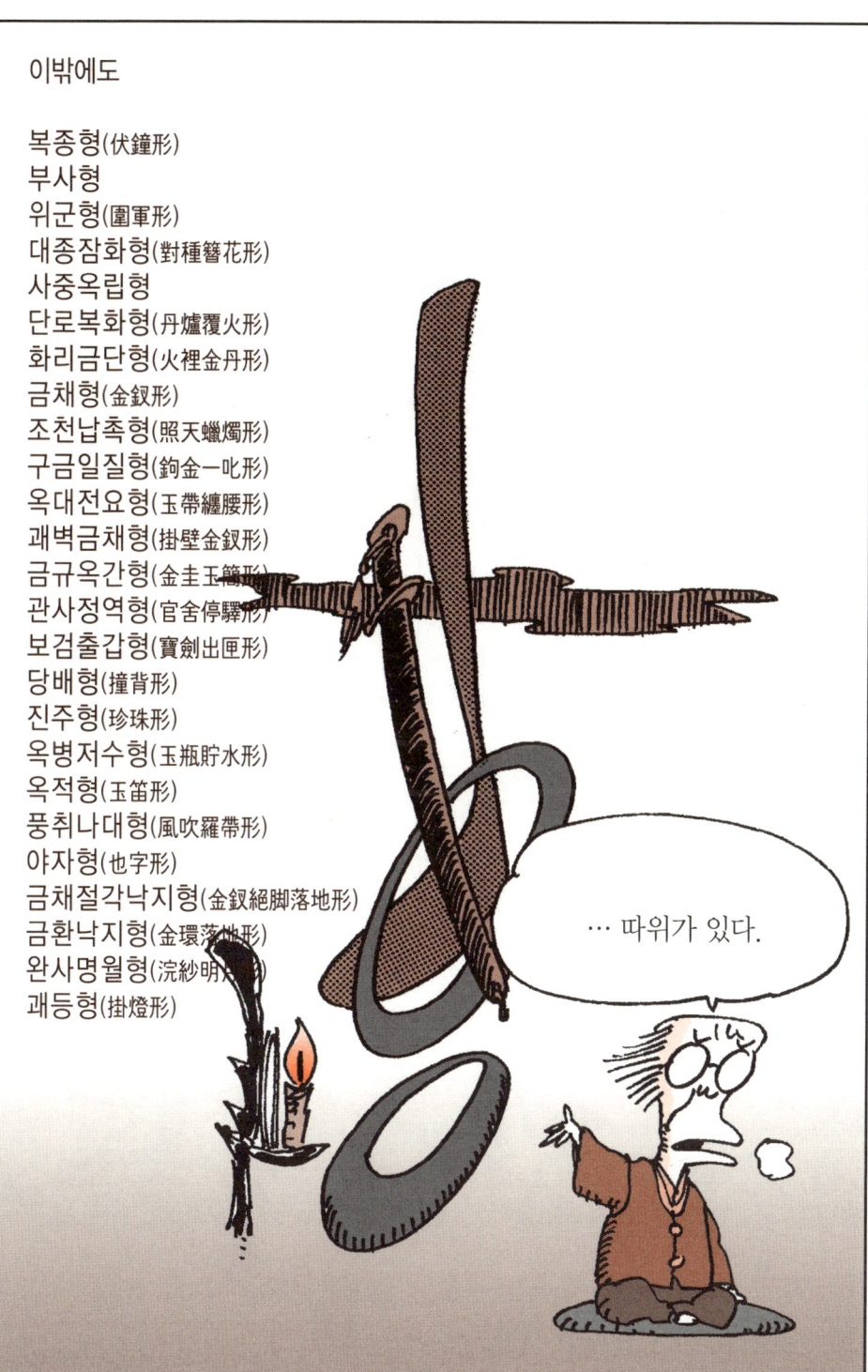

… 따위가 있다.

좋은 열매를 맺자면 먼저 그곳 땅이 비옥해야겠지.

그 담에는 뿌리가 튼튼하게 내려야 줄기가 충실하게 클 것이고,

그래야만 가지도 잘 뻗고 잎도, 꽃도, 그리고 열매도 잘 맺는다는 것쯤은 익히 아는 상식!

명당도 마찬가지다! 좋은 혈이 생기자면 그 혈의 뿌리격인 주산이 튼실해야 한다.

주산(主山)이란 혈을 향해 뻗어 내리는 큰 산을 말한다.

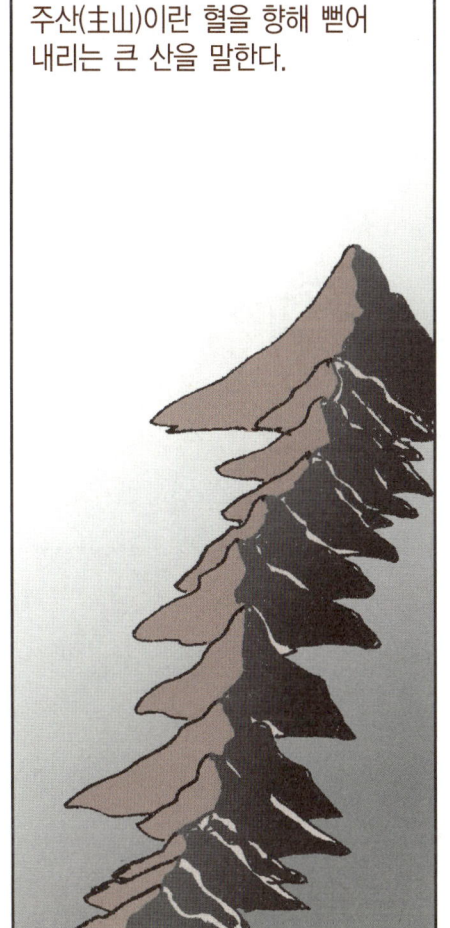

주산에는 제일 위에 태조봉(太祖峯)이 있고…

그 아래로 중조봉(中祖峯), 소조봉(少祖峯)이 있다.

개, 호랑이, 소, 사슴 따위 형국이 토형 산줄기에서 많이 난다.

학, 봉황, 꿩, 닭, 백조 같은 새 종류의 형국이 이런 금형 산줄기에서 많이 발견된다.

물도 마찬가지다. 움직이는 물이라야 기를 받아 생수(生水)가 되지!

반대로 괴어 있는 물은 기를 잃어 죽은 물(死水)이 된다.

흙과 돌도 마찬가지다.

기(氣)가 충만한 흙은 한눈에도 윤기가 있다.

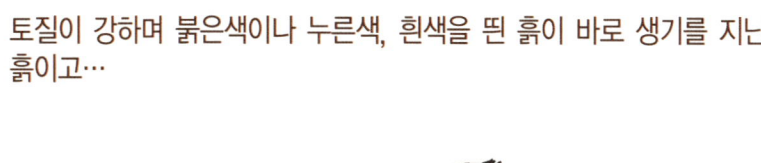

토질이 강하며 붉은색이나 누른색, 흰색을 띤 흙이 바로 생기를 지닌 흙이고…

예로부터 혈이 되는 자리에 있는 흙 중에 최상급 흙은 비석비토(非石非土)라고 했다.

돌이 흙에 가까운 상태로 변화된 것이지, 말 그대로 돌도 아니고 흙도 아닌 상태!

그런 흙이라야 귀하고도 길한 명당의 흙이다.

산도 생기를 띠어야 하고 흙도 돌도 생기를 띠어야 하고…

물론!!

명당의 조건이라는 게 되게 까다롭네요.

그러엄!

미인을 뽑는 대회에서도 그렇잖냐?
키는 얼마!
가슴, 허리, 엉덩이는 얼마나 커야 하고 말솜씨, 태도, 머리모양, 화장, 걷는 모습, 그밖에도 뭐다뭐다 조건이 얼마나 까다롭냐!

명당도 비슷해! 미인 뽑기만큼이나 까다롭지!
주산, 용, 작국, 입수, 혈상, 사격, 안산, 등등… 수두룩하지!

입수(入首)란 무엇일까

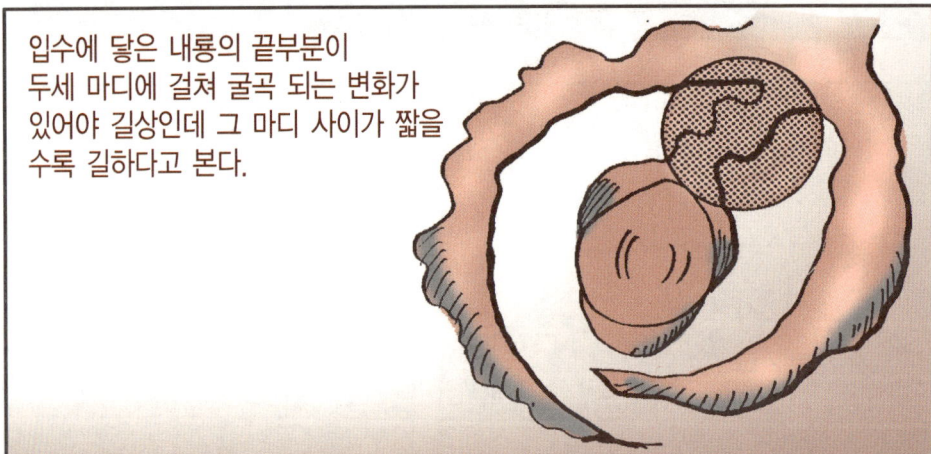

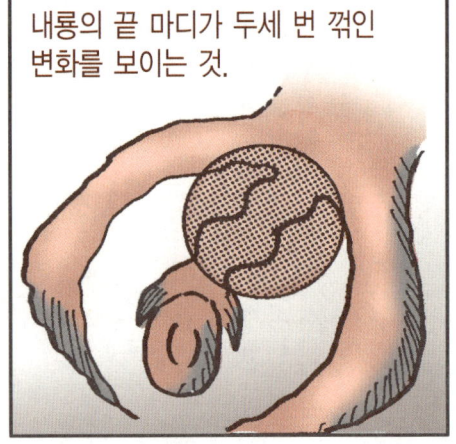

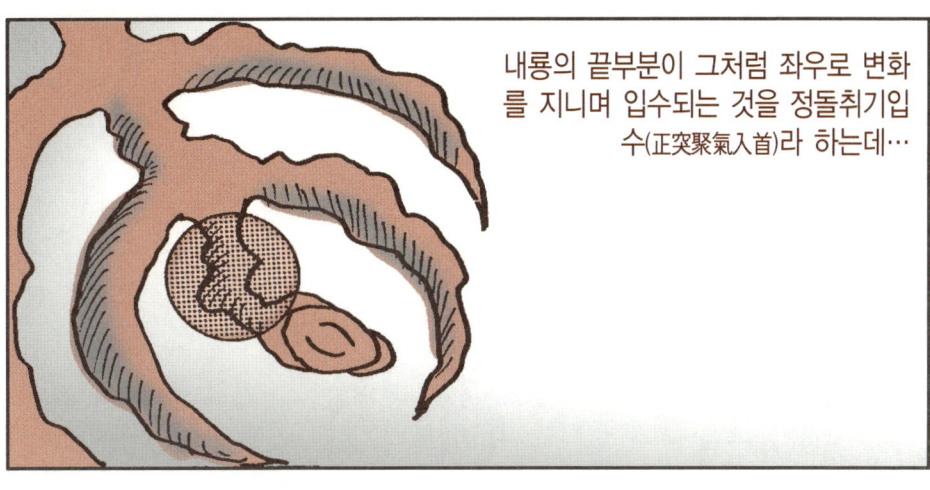

내룡의 끝부분이 그처럼 좌우로 변화를 지니며 입수되는 것을 정돌취기입수(正突聚氣入首)라 하는데…

단면도를 그려보면 군산으로부터 내려온 기가 끝에서 모여 입수로 쏟아져 들어오는 기상이다. 물론 명당이지!

이런 굴곡변화의 입수를 지닌 혈자리에 조상을 모시면 자손들이 부귀해지는 복을 받는다.

그런가 하면 입수에 닿은 내룡 끝부분이 불룩불룩 솟은 모양의 기복을 이루어도 길상이다.

변화 입수의 가상이기 때문이다.

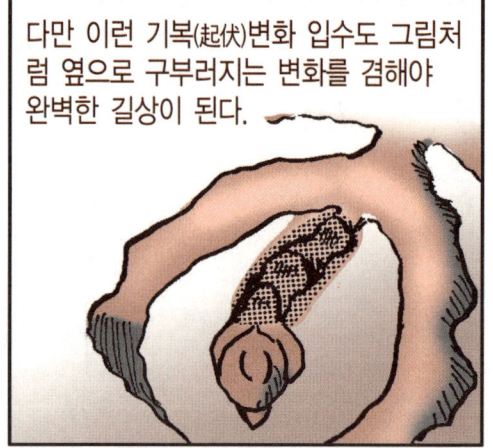

다만 이런 기복(起伏)변화 입수도 그림처럼 옆으로 구부러지는 변화를 겸해야 완벽한 길상이 된다.

단면도로 그려보면 이런 모습이 되겠지.

한편 내룡의 끝 부분이 굴곡이나 기복 변화를 하지도 않고 옆으로 구부러지지도 않은 상태로 입수되는 명당도 있다.

이때는 입수 부분이 학의 무릎처럼 잘록하게 가늘어 졌다 굵어지는 변화를 한다.

이런 형태를 속기입수(束氣入首)라 하는데 이런 입수 형태면 자손이 부자가 되는 복을 받는다.

청룡백호(靑龍白虎)란 무엇일까

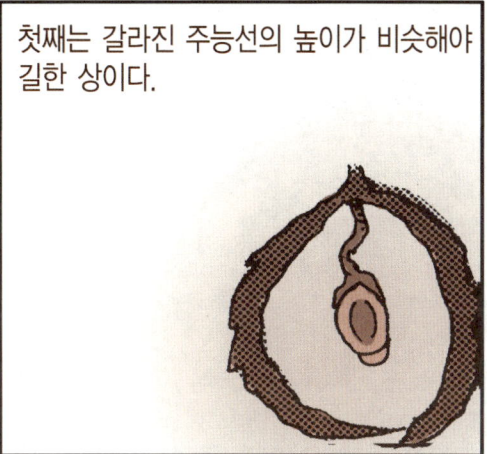

보기 흉한 곁가지 산자락들이 혈 주변을 많이 에워싸는 것은 청룡백호의 기(氣)가 죽은 탓이다.

따라서 사태 난 자리나 곁가지 산자락들은 살(殺)이 되므로 혈을 이루지 못하는 게 보통이다.

웬만한 풍수라면 묏자리의 (청룡백호)만 보고도 그 후손의 형편을 간단히 알 수 있다.

쯧쯧 별볼이 없겠구먼.

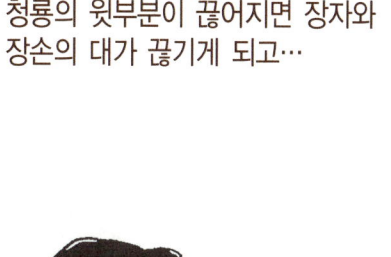

청룡의 모습이 죽은 뱀처럼 늘어져 보이면 후손이 가난을 면할 수 없게 된다.

그 밖에도 청룡이 흉한 격이면 객사, 부부이별, 시비구설, 패가망신 같은 화(禍)가 미치게 된다고 해석되고 있다.

반대로 청룡밖에 봉우리가 솟으면 자손에게 횡재수가 있고…

청룡 머리 부분에 바위가 우뚝하면 문장이 높은 귀인이 나게 된다.

심심해서 다른 남자한테 몸을 내맡긴 주부…

하라는 공부는 뒷전에 밀쳐두고…

별 볼일 없는 사내들과 어울려 남의 눈살 찌푸릴 짓거리만 골라 하는 딸!

콱 그냥…

알고 보면 그렇게 된 원인 중에는 백호 안에 높은 봉우리가 있어 그렇게 되는 경우가 많다.

백호 부근에 호랑이가 입을 벌린 듯 한 바위가 보이면…

그 자손은 교통사고를 당할 위험성이 높아지게 된다.

백호 부근에 험한 바위가 보이면…

그 자손은 가난뱅이 신세를 면할 길이 없고…

백호 그 자체 능선이 거칠고 들쑥날쑥하면 고부간에 갈등이 심해진다.

끓는다! 끓어!

××!

그러나 반대로 백호 형국이 좋은 경우라면…

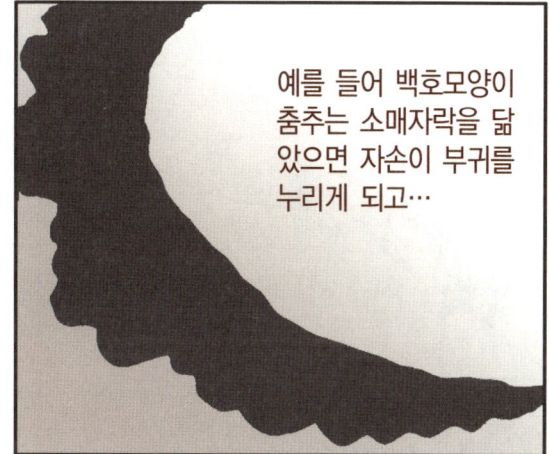
예를 들어 백호모양이 춤추는 소매자락을 닮았으면 자손이 부귀를 누리게 되고…

원래 혈을 이루자면 청룡백호가 혈(穴)을 에워 싸야하고 그 밖으로도 많은 산들이 혈(穴)을 싸안은 형국이라야 명당이다.

그림이 뭐 같냐?

…

흡사 양배추를 길이로 쪼개 놓은 모습 같네요.

그렇다

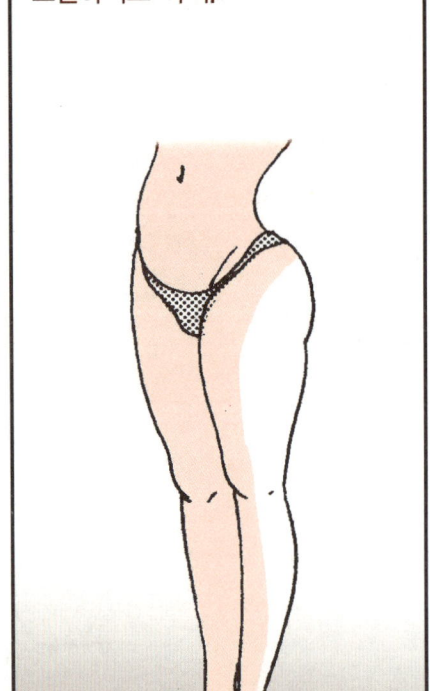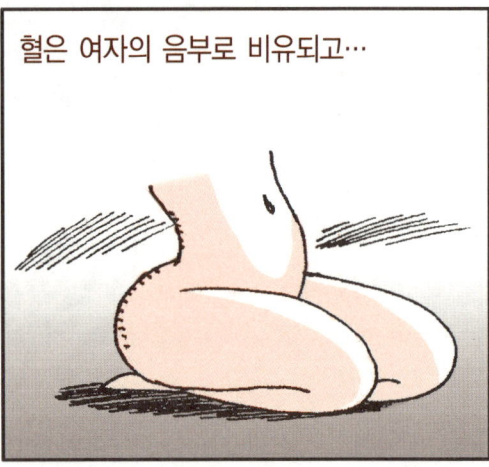

여자의 성기야말로 인체 중에서 가장 은밀한 부분이면서 생기가 가장 충만한 기관이지! 새로운 생명을 탄생시키는 곳이니까…

따라서 그 부분은 함부로 내둘러서는 안 될 부분이다~ 그런 얘기니라!

혈도 마찬가지다. 아무에게나 차지가 되면 안 되거든.

소중한 음부를 두 다리가 꼭꼭 감싸고 보호하듯

혈도 청룡과 백호가 충실하게 감싸줘야 한다.

혈을 제대로 이루는 국세(結穴保局)는 내룡을 따라 내려오며 짜여진다.

명당 보국을 높은 곳에서 내려다보면 청룡과 백호가, 그리고 그 바깥쪽으로 외청룡 외백호가 겹겹이 혈을 에워싸고 있음을 알 수 있다.

또 청룡백호 작국은 어느 쪽이든 한쪽이 혈을 싸안아야 한다.

즉 이런 형국은 나쁘다는 뜻이다.

쉽게 말하자면 청룡이 혈을 감쌀 때는 오른쪽에서 왼쪽으로…

백호가 혈을 감쌀 때는 왼쪽에서 오른쪽으로 감싸야 제대로 격을 갖추게 된다.

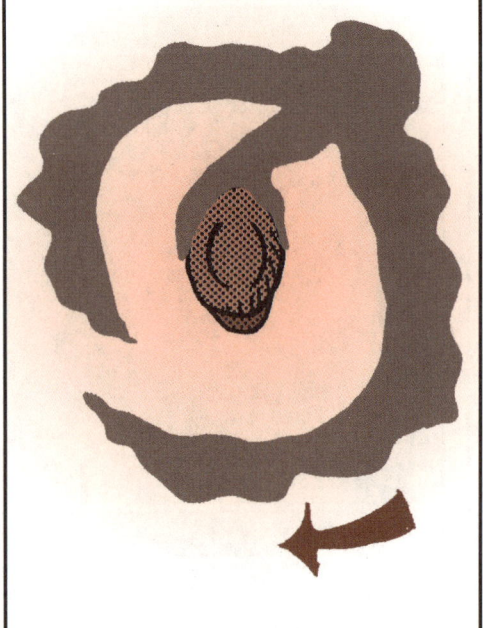

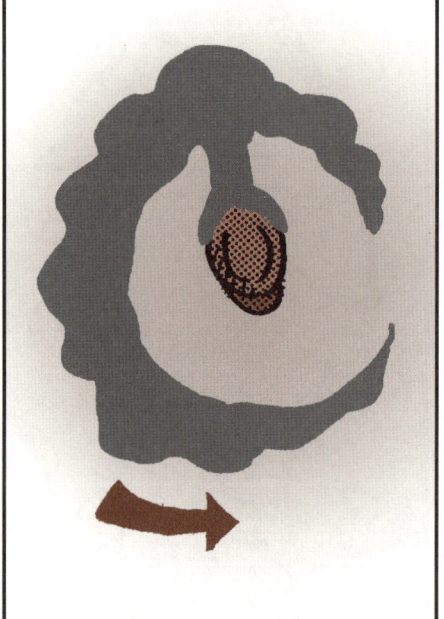

그래서 청룡이 국을 이룰 때는 우선입수(右旋入首)라 하고,

백호가 국을 이룰 때는 좌선입수(左旋入首)라 하느니라.

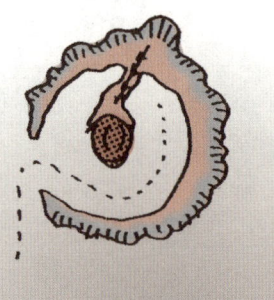

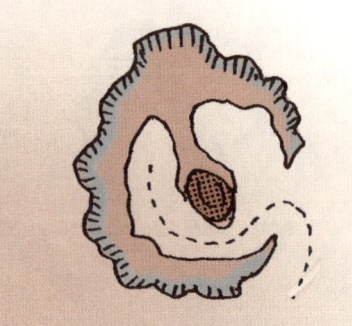

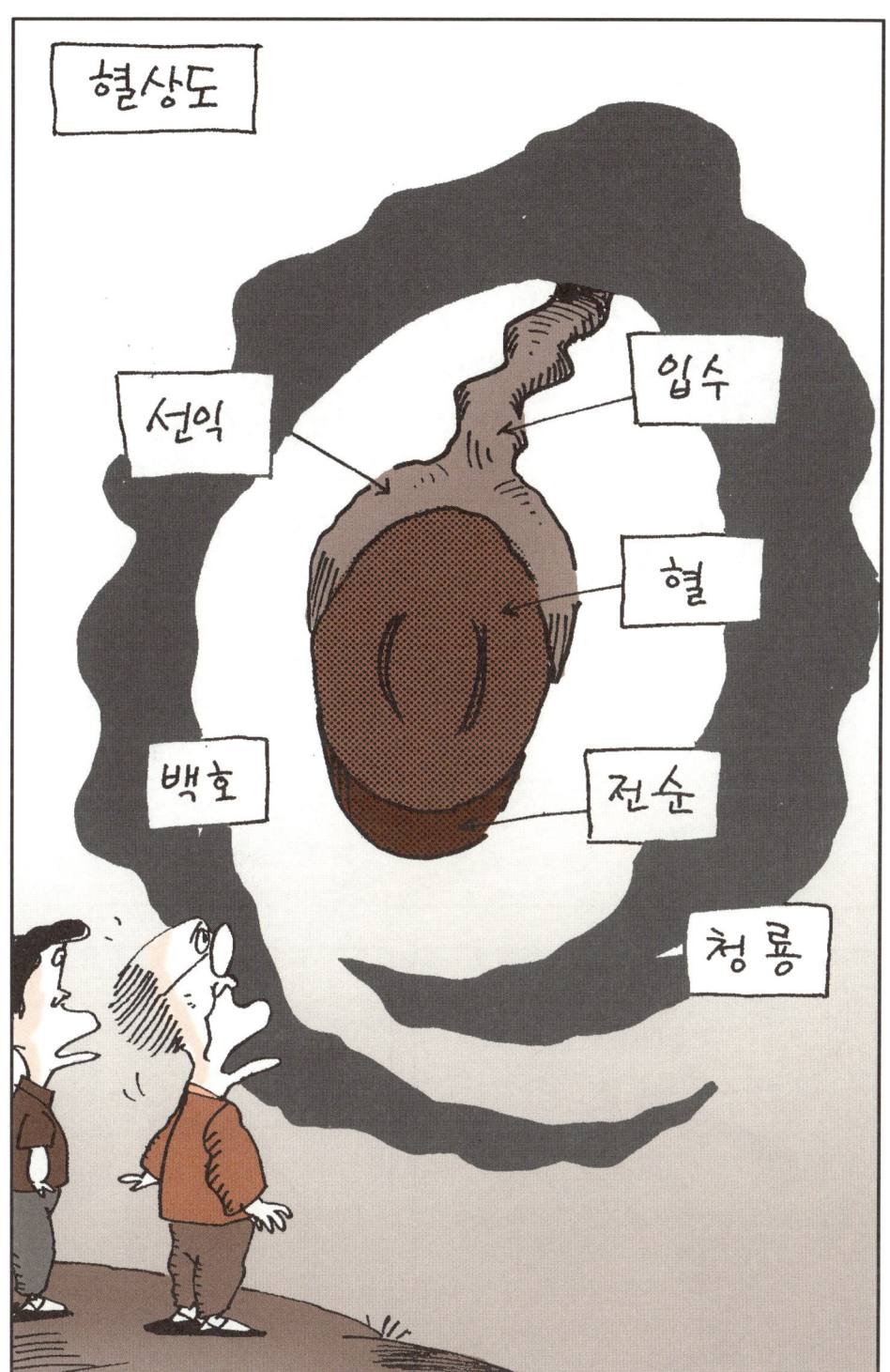

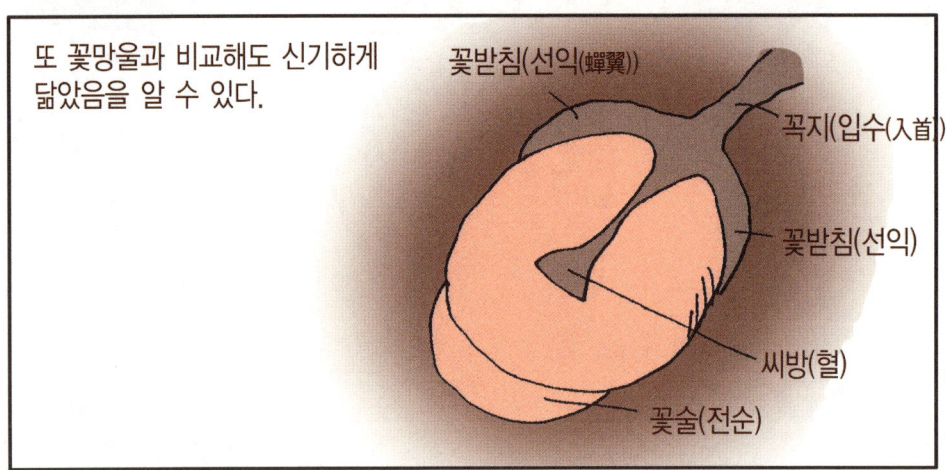

박! 하면 흥부가 연상되지?
제비다리 고쳐주고 박씨 얻어 심었다가 떼부자가 된 흥부.

박의 겉모습을 보라 혈의 생김과 흡사하다.

둥근 모양은 혈과 같다

두툼한 꼭지는 입수와 같고

꼭지둘레가 두툼한 것은 선익과 닮았다.

박을 쪼개보자.

쫙

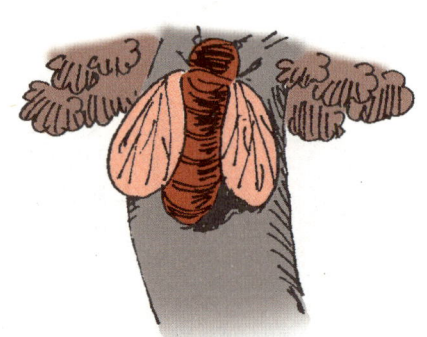

한편 험준한 조산(祖山)은 박의 뿌리에 해당한다고 볼 때…

혈을 향해 굽이쳐 흐르는 산맥, 그 중에서도 원줄기인 간룡(幹龍)은 박의 줄기에 해당하고…

원줄기에서 갈라져 나온 줄기는 지룡(枝龍)이라 할 수 있다.

박이 뿌리가 튼튼해야 줄기가 건강하고, 줄기가 건강해야 잎이 무성하며 충실한 박이 열리듯…

조산에서 간룡을 통해 혈에 이르는 일련의 흐름이 생기가 넘치고 변화가 무쌍해야 명당이 생기게 된다.

부모가 건실해야 자식이 쓸 만한 인재로 자라는 것과 같은 이치다.

혈(穴)이란 무엇인가

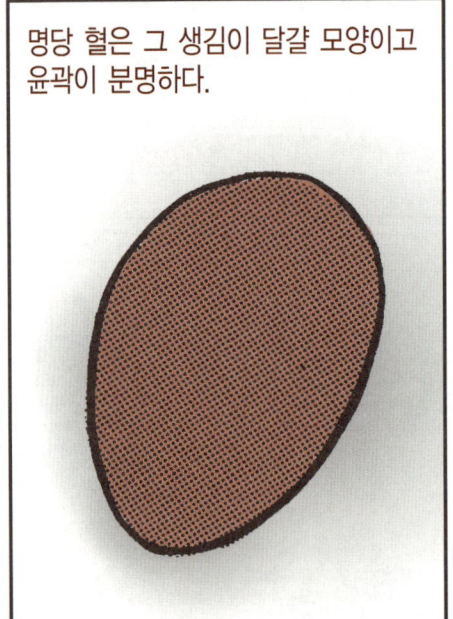

명당 혈은 입수(入首)의 기가 강하게 모아지고 토질은 윤기가 나며 강한 편이다.

원래 명당 혈이라면 말이 그 위로 지나가도 말발굽 자국이 남지 않는 법!

흙이 메마르거나 푸석거리는 느낌이 들만큼 힘이 없으면 명당 혈이 아니다.

또 혈 부근에 토사가 흘러내려 사태가 나 있으면 묘지 안에 빗물이 든 증거이고, 토질에 힘이 없이 푸석거리면 묘지가 바람을 맞았다는 증거이므로 이장을 고려해야 한다.

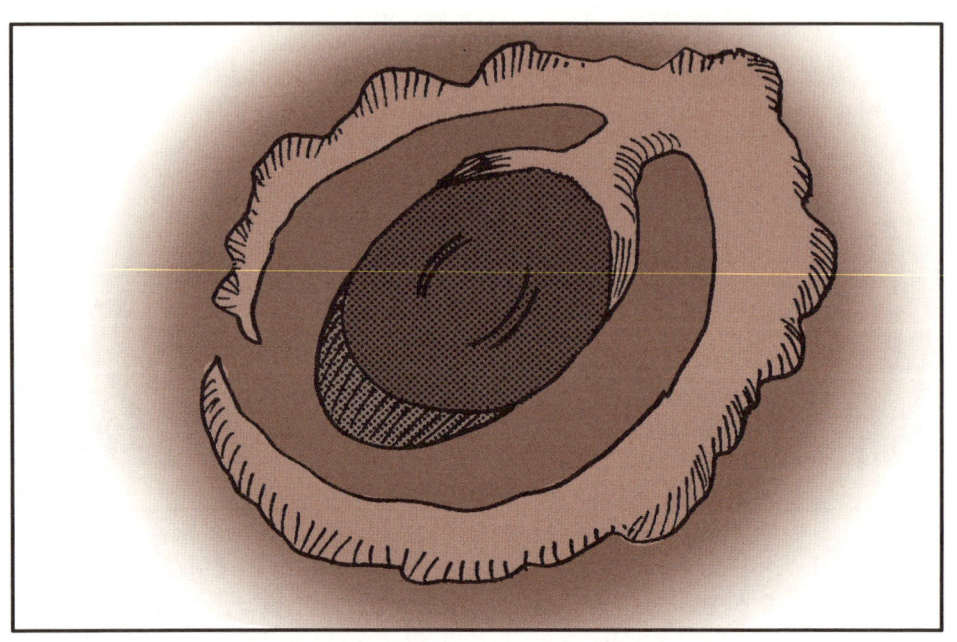

전순(氈脣)이란 무엇일까?

혈 앞에 내민 자리를 전순이라 하는데 조산으로부터 내려온 지기(地氣)가 혈을 이루고도 남아서 만들어진 자리다.

전순도 크기가 다양하다. 혈의 크고 작음에 따라 전순의 크기도 달라진다는 뜻이니라.

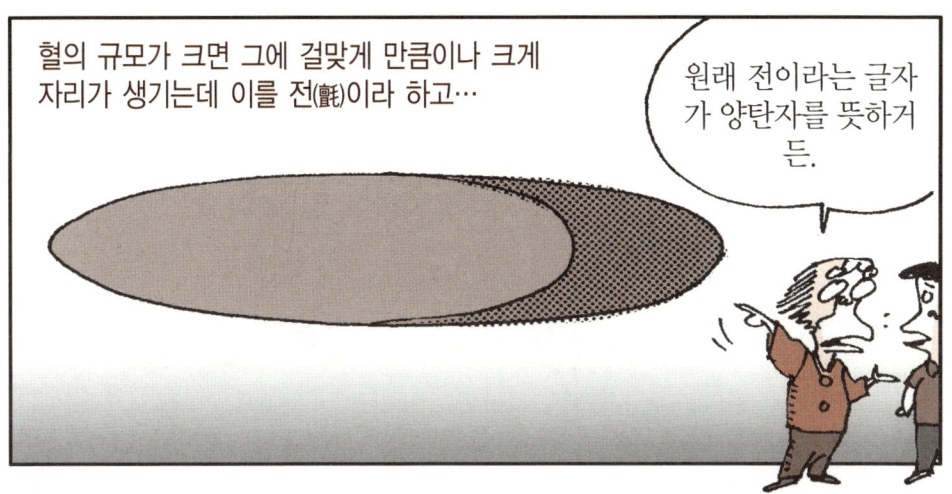

전순이 그 모양이면 그 후손 중에는 물에 빠져 죽는 수가 생기고

또는 교통사고를 당하는 액운도 당하기 쉽다.

어디 그 뿐인가? 혈의 뒤가 낮고 전순이 위로 솟은 형국이면…

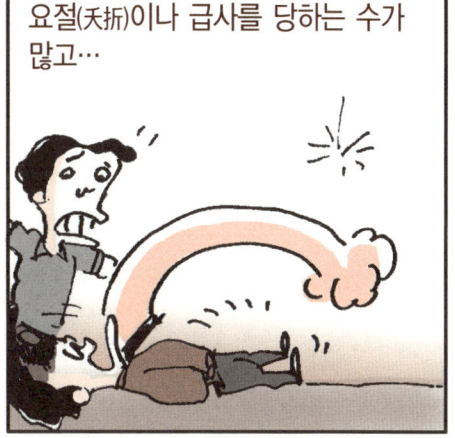

전순이 높으면 반대로 막내 쪽에 화(禍)가 미쳐 불효자가 되는 수가 많다.

또 전순이 혀를 빼문 것처럼 길게 뻗어 나온 모양이면…

그 후손은 거지가 되기 일쑤여서

고향을 떠나 타향에서 유리걸식하는 신세가 된다.

전순이라고 우습게 취급할 일이 아니다.

선익(蟬翼)이란 무엇일까?

매미 날개라는 뜻의 선익(蟬翼)은 혈을 구성하는 요소 중에 하나다.

입수로부터 좌우로 갈라져 나온 선익은 끝에 이를수록 가늘어지는게 길상이다.

옛 지가서에는 선익을 두고 자라 등껍질을 닮아야 진혈이 된다고 했다.

더 알기 쉽게 설명하자면 혈과 선익은 솥과 솥뚜껑 같은 관계다.

혈이 밥솥이라면 선익은 솥뚜껑이라는 거지!

밥솥에서 솥뚜껑의 역할이란 매우 중요하다.
솥 안에든 김이 새지 못하도록 하고 바깥바람이 들어가지 못하게 하는 역할이니까…

마찬가지로 혈에서 나오는 지기(地氣)가 밖으로 흩어지지 않도록 여미는 구실을 하는 것이 선익이고…

밖에서 불어 닥치는 바람도 막아주므로 풍살(風殺)을 막는것도 선익이다.

선익은 크기에 따라 이름이 다르다. 선익이 크면 지각(枝脚)! 그보다 작으면 제비날개라 해서 연익(燕翼)

더 작으면 매미날개라 하여 선익(蟬翼)이다.

예부터 선익을 보아 길흉을 판단하는 일도 흔히 있었는데…

그 예로 선익이 기와를 덮은 듯 한 모양이면

가세가 늘어 집안이 풍족한 살림을 하게 된다고 했지!

반대로 나쁜 경우를 들자면

선익이 미미하여 혈을 옳게 덮어주지 못할 때는 백골(白骨)이 훼손된다고 했다.

즉 오래오래 보존돼야 할 선조의 백골이 빠르게 썩어 부스러져 버린다는 뜻으로 풍수지리에서는 매우 흉한 쪽으로 해석한다.

또 내룡이 설기(洩氣)하면 다시 말해서 선익이 시원찮으면 무덤이 무너지거나 관이 뒤집히는 불상사도 생긴다고 했다.

어떤 사람은 선익이 쇠뿔을 닮아야 한다고도 했다.

양안우각은은사(兩岸牛角隱隱砂)요, 협적해안혈중출(夾滴蟹眼穴中出)이니…

혈상(穴象)이란 무엇일까

혈이란 한마디로 하늘과 땅의 기(氣)가 조화를 이뤄 만들어낸 작품이라 해도 과언이 아니다.

일찍이 선인들께서는 명당 혈의 생김, 즉 혈상(穴象)을 네 종류로 나누셨느니라.

따라해봐! 와(窩), 겸(鉗), 유(乳), 돌(突)!

와겸유돌!

먼저 와혈(窩穴)

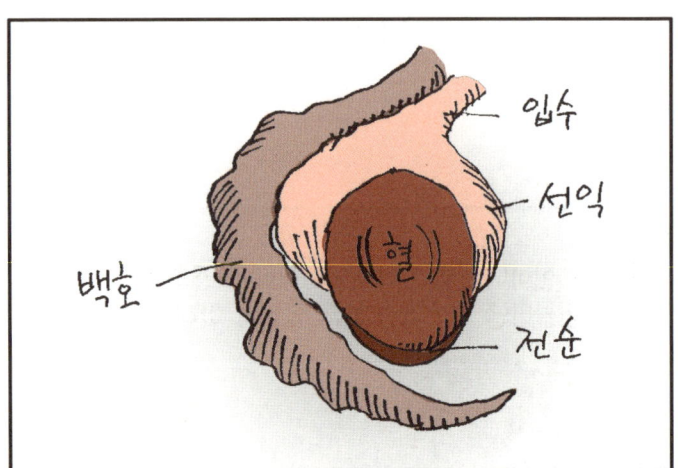

와혈은 일명 소쿠리혈 이라고도 하는데…

혈을 중심으로 주위의 지형이 소쿠리 안쪽처럼 오목하게 모아지므로 그런 이름이 붙었다.

어떤 이는 와혈이 쇠뿔처럼 안으로 모아졌다 해서 우각혈(牛角穴)이라고도 한다.

이런 (와혈)은 혈(穴) 앞쪽을 전순이 받쳐줘야 명당혈이 된다.

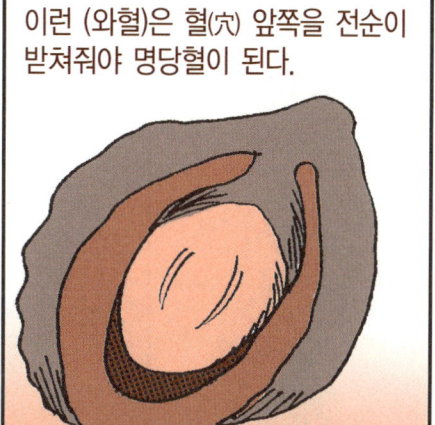

주변 산세가 혈을 향해 모이는 와혈은 발복이 빠른 속발지지(速發之地)가 많다.

다만 혈 앞에 전순이 시원찮으면…

그곳은 명당혈이 아니다.

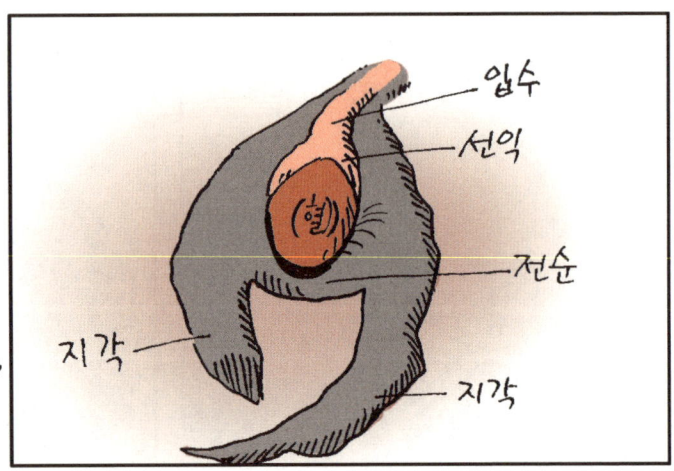

겸혈(鉗穴)은 땅의 생김이 마치 손가락이 갈라진 부분처럼 돼 있는 위치에 있는 혈이다.

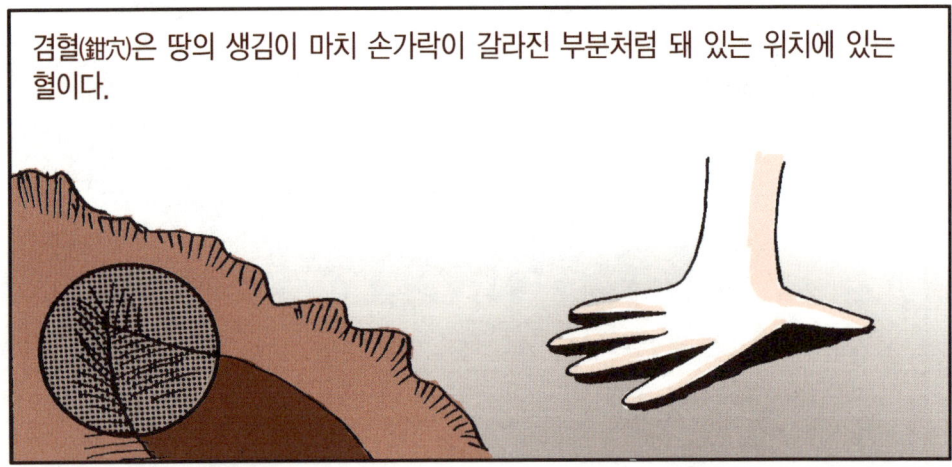

겸혈 역시 와혈처럼 혈 앞쪽에 전순이 뚜렷해야 명당혈이 된다.

또 혈을 에워싼 양쪽 지각(枝脚)이 안쪽으로 굽어져야 명당이 된다.

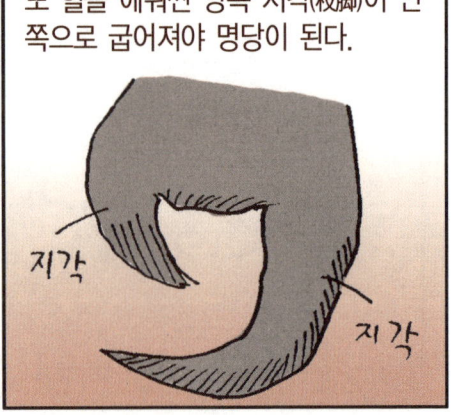

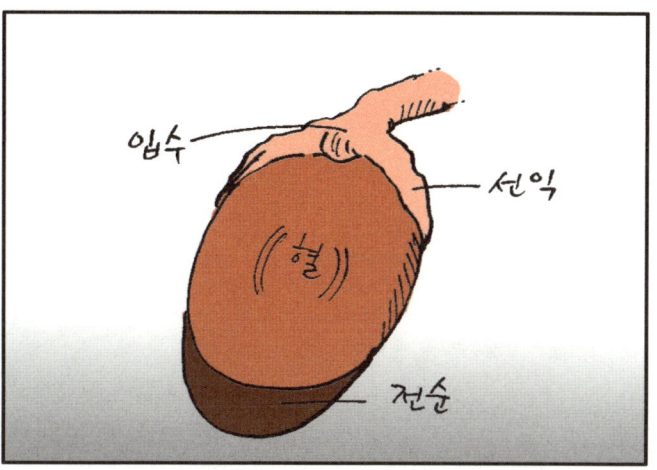

(유혈)은 여자의 젖이나 임신한 여자의 부른 배를 닮은 혈이다.

앞에 와혈이나 경혈은 전순이 확실해야 명당혈이 되지만…

유혈은 전순보다 좌우의 선익이 뚜렷해야 명당혈이 되는 법. 알아둬라!

돌혈(突穴)

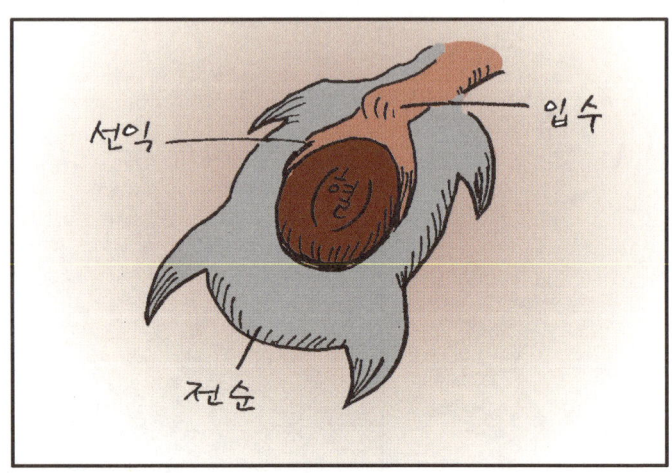
선익 / 입수 / 전순

이런 (돌혈)은 야산 꼭대기 부근에서 볼 수 있는 명당혈로 옛날 무쇠솥을 닮았다.

사방으로 네 개의 발이 뻗어 나왔으니 솥을 닮았지!

이렇게…

(돌혈)은 혈을 중심으로 병풍처럼 산들이 둘러 있어야 제대로 격을 갖춘 명당이 된다.

혈을 대하는 안산은 마치 절을 하듯, 읍을 하듯, 손을 맞잡은 듯해야 길상이요,

안산이 너무 길거나 너무 짧으면 흉상이라 했다.

또 혈의 위치가 높으면 안산은 멀어야 좋고,

혈의 위치가 낮으면 안산이 가까워야 좋다고 했다.

반달 모양으로 안쪽이 오목하게 들어간 형태의 안산이다.

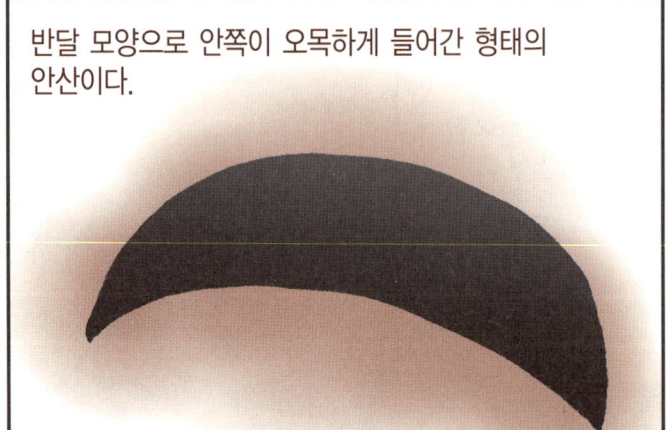

부봉형 안산은 반월형 안산이라고도 부르는데 생김이 빼어난 경우 거부(巨富)가 난다.

또 부봉형 안산이 서기(瑞氣)를 띠면 부귀가 겸해지는 발복이 오래 계속된다.

아미형(蛾眉形) 안산

안산이 썩 잘 생긴데다 득수까지 길상인 경우라면 귀인이나 뛰어난 미인이 나게 된다.

다만 득수득수(得水)가 길상이 아닐 경우…

그 후손은 관직에 봉직하는 정도로 입신을 한다.

횡적이란 피리를 뜻한다. 옆으로 들고 부는 피리처럼 생긴 안산이 횡적형인데 때로는 (대들보형 안산)이라고도 한다.

묏자리가 연소혈(燕巢穴)인 경우…

혈자리 앞에 가로놓인 땅을 안산으로 취급하기도 한다.

그 가로놓인 땅(橫臺)이 튼튼하면 금시발복을 하는 명당이다.

안산(案山)에 호랑이를 닮은 바위가 보이면…

그 후손은 교통사고 위험률이 높다. 조심할 것!

안산(案山)이 지저분하고 누추하면!

그 자손이 거지가 되거나 관재구설, 혹은 불구자를 낳는다.

일반적으로 조산이나 안산은 후덕(厚德)하게 잘 생겨야 길한 상태다.

사태가 나서 심하게 패여 나갔거나

산줄기가 길게 뻗어내려 얼굴을 돌린 듯한 형국은 흉한격으로 친다.

또 달아나는 형국의 조산이나 안산 또한 흉한 형국으로 친다.

사격(砂格)이란 무엇일까

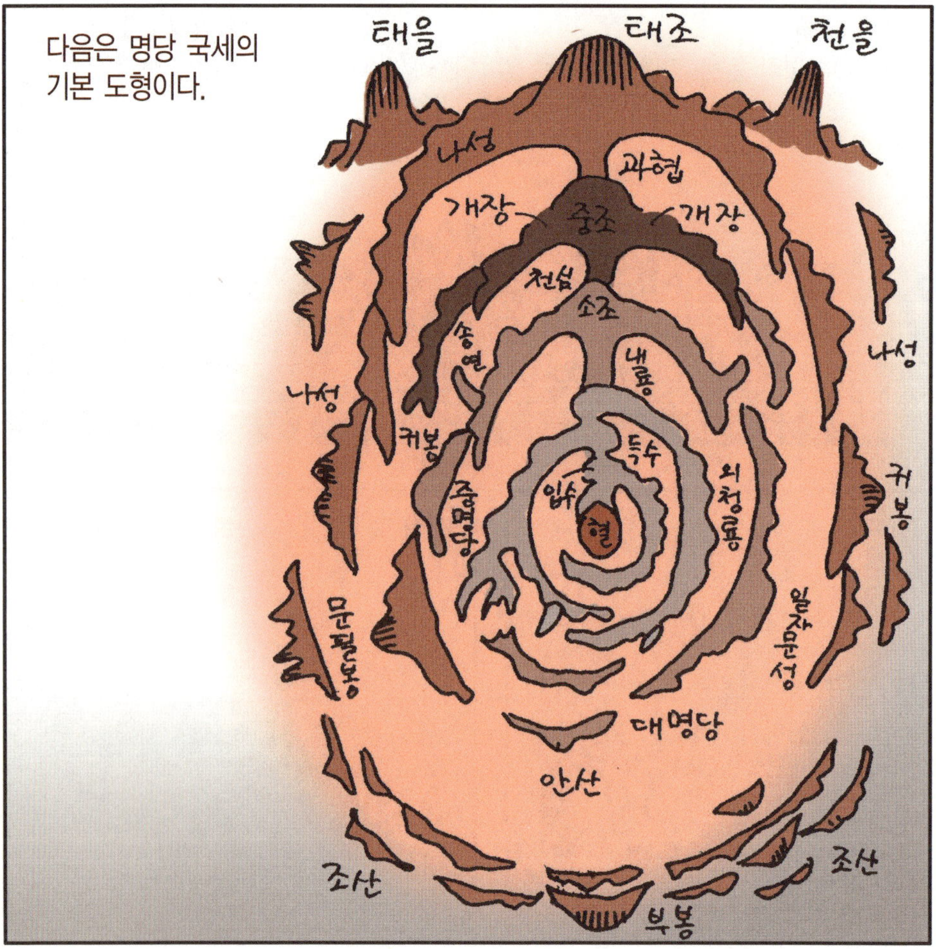

명당혈을 중심으로 하는 사격(砂格)에서 길한 쪽의 예를 들자면
문필봉사(文筆峰砂)
독봉사(獨峰砂)
부봉사(富峰砂)
일자문성사(一字文星砂)
어병사(御屛砂)
아미사(蛾眉砂)
현군사(賢君砂)가 있다.

반면에 흉한 사격으로는
규봉사(窺峰砂)
산산사(散山砂)
비주사(飛走砂)
현군사
천옥사(天獄砂)
결항사(結項砂)
절산사(絶山砂)
검살사(劍殺砂)
역리사(逆理砂)
낙봉사(落峰砂) 등이

먼저 길한 사격(砂格) 부터 알아보자!

길사격(吉砂格)은 이러하다.

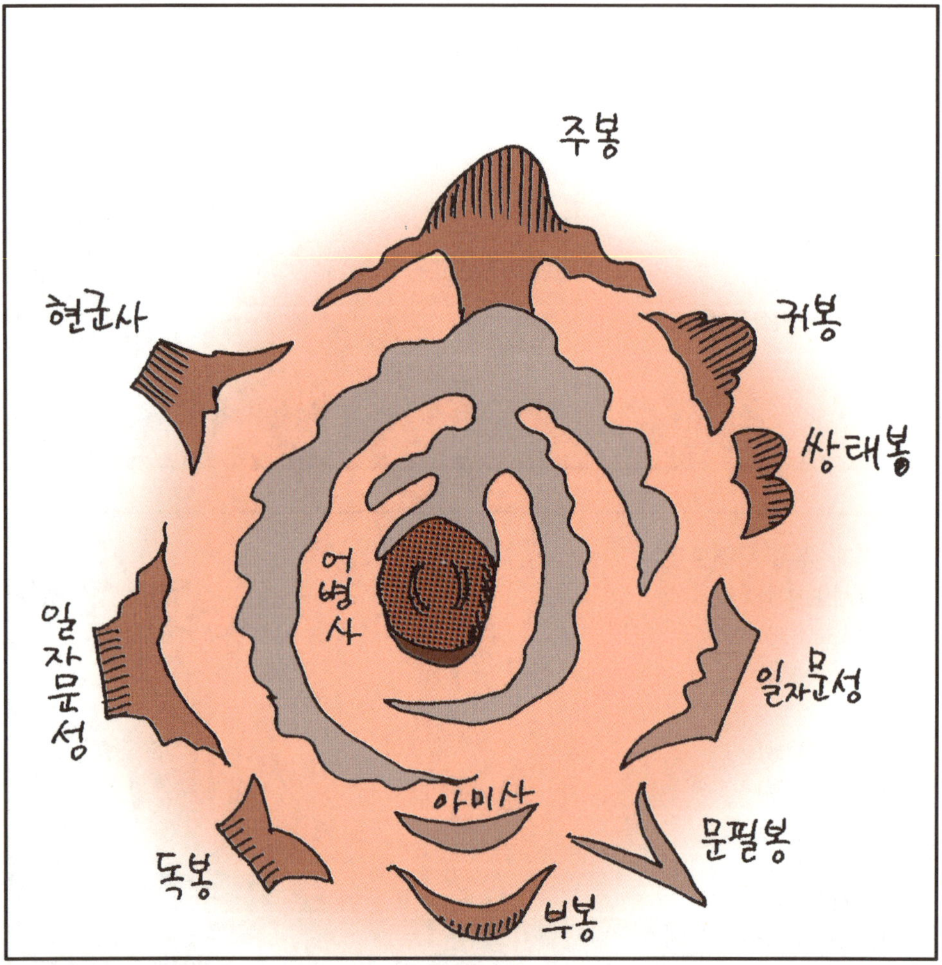

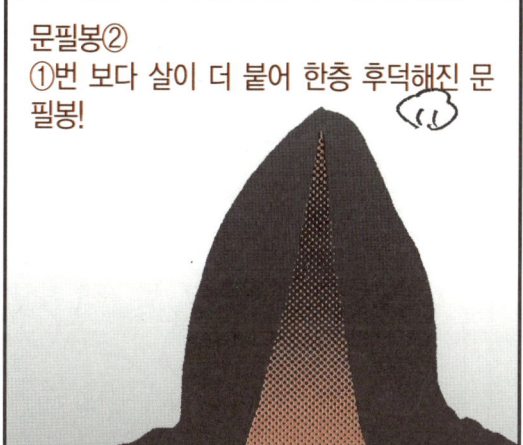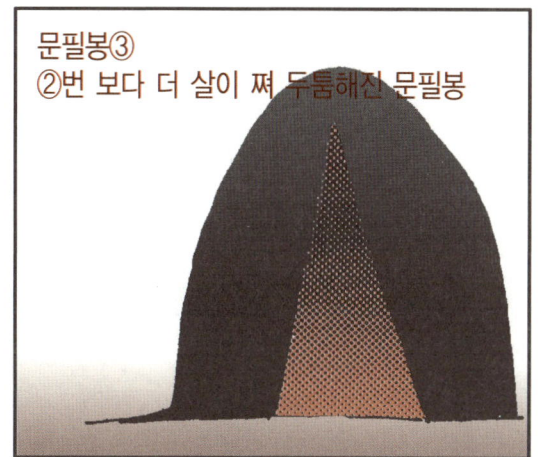

당대에는 명성이 높은 학문의 우두머리가 되고…

덕망 높은 문필, 문장가로 부귀를 누리는 후손이 나는 길한 사격(砂格)이다.

다만 문필봉은 다른 봉우리에 비해 우뚝해야 하고 아울러 그 모습이 빼어나야 한다. 그래야 옳은 문필봉으로 평가를 받을 수 있다.

더러 빼어난 문필봉의 덕을 보는 경우, 왕후장상이 나거나

국부(國富)가 나는 경우도 있다.

부봉사(富峰砂)에서 봉우리가 미끈하게 잘 빠졌으면 가부가 날 수 있다.

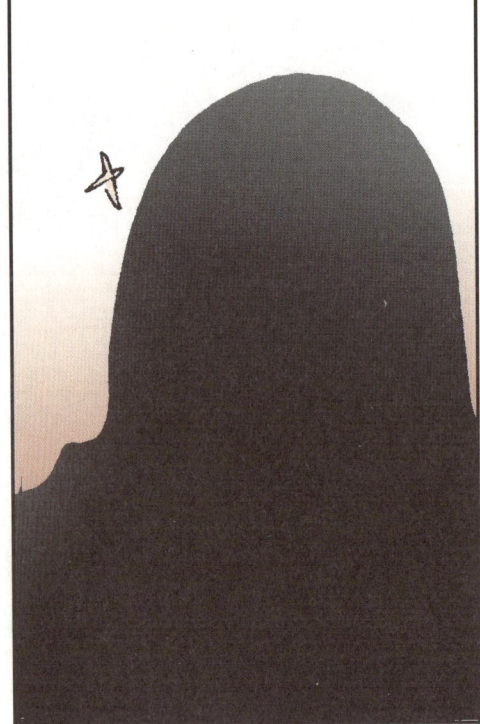

산천정기가 충만하고 산봉우리가 평평하게 생긴 형국이 일자문성!

혈의 뒤쪽으로부터 병풍을 두른 듯 순하게 생긴 산들이 에워싸 내리는 사격이 어병사다.

어병사는 명당 사격이다.

「병풍사(屛風砂) 두른 곳에 제왕비(帝王妃)가 난다」고 했으니까

초승달 같고 눈썹 같기도 한 사격(砂格)!

아미사(蛾眉砂)는 안산(案山)으로도 쓰이는 사격(砂格)인데, 아미사는 혈 가까이 있어야 하고 그 높이가 나지막해야 길한 사격인데,

한편 아미사는 길한 득수(得水)사 돼야 일급 사격이 된다.

그러나 득수가 따르지 않으면 관대사(官帶砂)가 되어 후손이 평범한 관직에 많이 오른다.

길한 사격의 끝으로 현군사가 있다.
일자문성과 비슷하게 생겼지만 현군사(賢君砂)는 바위로 이루어진 사격이므로 일자문성(一字文星)과 구분된다.

현군사 역시 상, 중, 하로 사격(砂格)을 나누는데 상격(上格)이면 왕후, 열사, 장상 같은 높은 벼슬아치가 배출되고…

중격(中格)이면 지방 관청의 장(長)이나며

하격(下格)이면 부자가 난다.

흉 사격 (凶砂格)

- 천목사
- 산산사
- 규봉사
- 절산사
- 비죽사
- 역리사
- 결항사
- 검살사
- 낙봉사

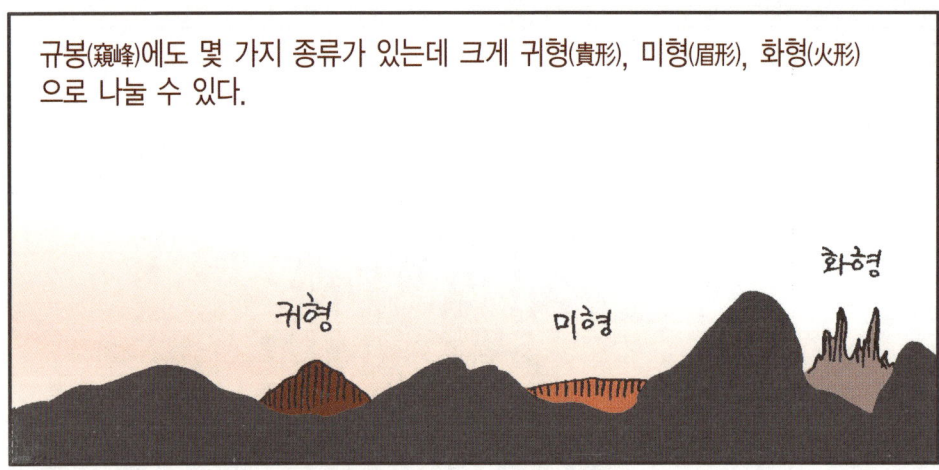

귀(貴)는 관(官)을 의미하기 때문에 관에 의한 화가 미친다는 뜻이다.

미형규봉(眉形窺峰)이 보이면 그 후손은 도둑을 맞거나 남에게 사기를 당하는 일이 많다. 또 도박 따위 투기에 빠져 재산을 날리는 경우도 흔하다.

화형규봉(火形窺峰)은 어떤가? 화재가 자주 발생하고 그런 사로 사람이 상하는 일이 많다.

산산사(散山砂)도 흉한 격이다. 산의 가닥이 양쪽으로 갈라지거나 끊어져 달아나는 모양을 지닌 사격(砂格)이다.

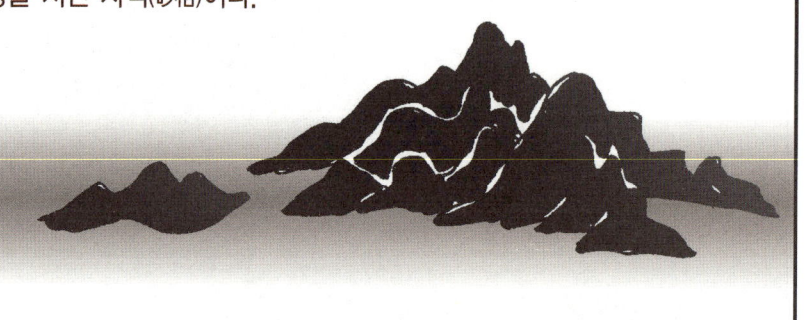

이런 사격이면 그 후손의 재산이 흩어지고 불효자가 나며 집안에 우환이 끊고 끝내 패가하게 된다.

산산사(散山砂)에서 끊어져 달아나는 모양인 비주사(飛走砂)가 있으면 맏아들이 요절하고 재난이 덮쳐 온 가족이 야반도주를 하는 일이 생길 수도 있다.

여자의 치마를 벗어 걸어놓은 듯한 흉사격(凶砂格)이다.

산골짜기가 사방으로 패여 나가 험하고 추하게 생긴 산으로 이런 산이 보이는 곳에 묏자리를 잡으면 후손 중에 불구자가 많이 난다.

하루아침에 집안이 망하는 횡액도 이런 (현군사)의 화에서 비롯되며…

후손 중에 음탕한 짓을 저질러 집안 망신을 시키는 경우도 흔하다.

현군사는 양택에서도 나쁜 사격으로 친다. 특히 동네 앞에 (현군사)를 띈 산이 있으면 몹쓸 동네로 여기게 된다.

충청도 어디어디에 있는 어느 동네…

그 동네 앞에는 현군사 형국을 지닌 산이 버티고 있는데…

그래서인지 그 동네는 옛날부터 걸핏하면 음란한 사건들이 자주 발생하기로 이름이 나 있다.

남녀노소 할 것 없이 윤리도덕이 빵점이라는 평도 있다.

천옥사(天獄砂)는 사방으로 높은 산들이 에워싸고 있어 깊은 우물처럼 폭 빠진 형국을 뜻한다.

이런 곳에다 묏자리를 쓰면 후손이 옥사(獄死)하거나 무거운 것에 눌려 죽는 압사(壓死), 차에 깔려 죽는 역사(轢死)를 당하기 쉽다.

묏자리뿐만 아니라 사람이 사는 동네도 이처럼 첩첩산중에 자리를 잡으면 비천한 신분의 자손을 낳게 된다.

절산사 (絶山砂)

후사(後嗣)가 끊어지고 후손이 없어진다.

검살사 (劍殺砂)

용호가 겹산이 되니 질풍이 협곡으로 몰아치니 그 바람이 살풍(殺風)이다. 교통사고가 잦은 흉사격이다.

낙봉사 (落峰砂)

높은 곳에서 떨어져 죽는 추락사(墜落死)가 많이 발생하는 흉사격이니 세심하게 살펴볼 일이다.

오행염(五行廉)이란 무엇일까

지금 여주에 있는 영릉은 자타가 공인하는 명당이다.

그러나 영릉으로 이장하기 전 19년 동안 묻혀 있던 지금의 서초구 내곡동의 헌릉은 물이드는 뒤를 이은 문냉혈(冷穴)이었다.

묘지 안에 차가운 지하수가 올라오면 시신이 육탈(肉脫 ; 살이 썩어 없어지고 뼈만 남음) 되지 않는다. 세종 임금의 시신도 19년 동안 육탈되지 않았다고 한다.

죽은 이의 시신(屍身)이 육탈되지 않으면 자손에게 해롭다. 세종의 문종, 단종, 세조에 이르기까지 불과 19년 동안에 임금이 네 번이나 바뀌는 엄청난 대궐내의 파란은 세종 임금의 시신이 불편함에 따라 빚어진 일인지도 모른다.

그러나 어주로 이장을 한 뒤에 즉위한 성종은 25년이니 왕위에 있었다. 그것이 과연 우연의 일치일까?

일찍이 중국 후한시대 사람인 청오자가 쓴 「청오경」을 보면…

조상의 묘를 이장해야 할 경우를 친절하게 일러 놓았다.

첫째, 묘지의 봉분이 까닭 없이 가라앉거나 밑으로 꺼질 때…

이것은 가문에 흉한 액운이 닥칠 조짐이니 서둘러 다른 곳으로 이장을 해야 한다고 했다.

둘째 묘지 위에 나 있던 풀이나 묏자리 주변의 나무가 말라 죽는 경우에는 이장을 해야 한다.

묏자리의 변고 외에 집안 대소사가 흉해질 때도 이장이 권해지고 있다.

예를 들자면 집안 여자가 윤리적인 사고를 일으켜 망신살이 뻗쳤을 때도 이장을 고려해야 하고…

애지중지하던 아이가 죽거나 과부가 생기는 불행이 닥쳤을 때

집안 식구 중에 관청에 잡혀가서 형벌을 받는 일이 생겼을 때

일상사에서 다치고 피 흘리는 사고가 연발할 때도 이장을 고려해 보라고 했다.

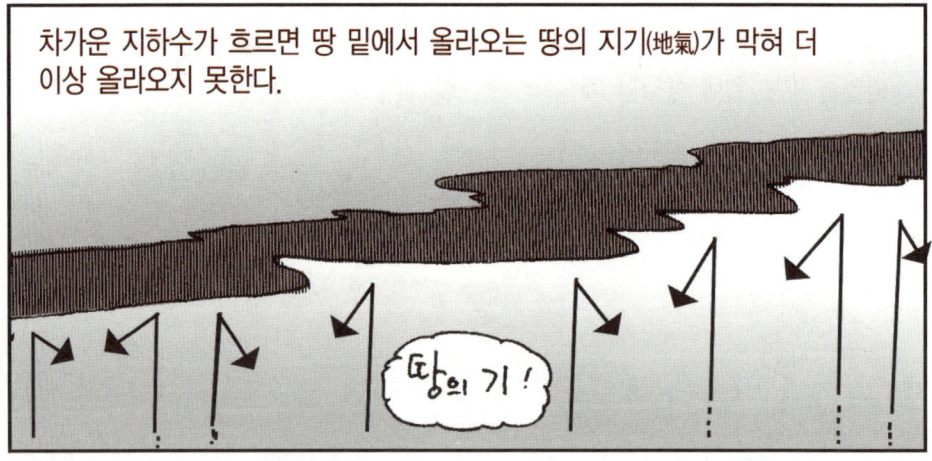

수염(水廉)은 무덤 안에 물이 드는 것이고…

목염(木廉)은 나무뿌리나 풀뿌리가 시신을 덮치는 것.

화염(火廉)은 유골이 불에 탄 듯 그슬리는 현상…!

풍염(風廉)은 살풍 받이에 있는 묏자리의 유골이 까맣게 변하는 현상.

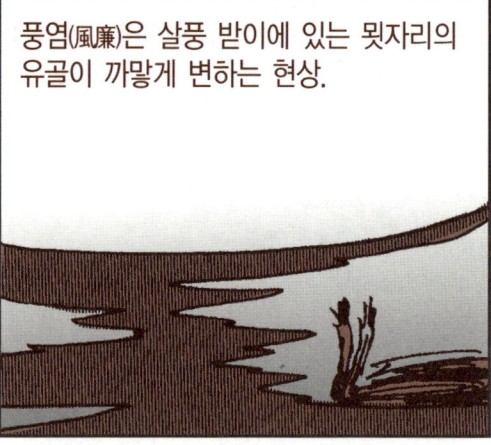

충염(蟲廉)은 뱀이나 개구리, 쥐, 기타 온갖 벌레들이 유골을 못살게 구는 현상은 말한다.

예부터 우리는 묘를 쓴 지 몇 해가 지나면 묘를 열어보는 면례와 이장(移葬)을 지켜 왔다.

그것은 시신은 육탈 여부를 확인함으로써 그 묏자리가 명당인지 아닌지,

혹시 오행염 같은 사(邪)가 들었는지 여부를 점검하려는 뜻도 있다.

수염(水廉)이든 무덤을 열어보면 시신이 뒤집어져 발치에 가서 뒹구는 수도 있다.

그건 무덤에 물이 찼을 때 위로 떠 있던 머리뼈가…

물이 빠질 때 발치 쪽에 내려 앉은 탓이다. 물이 드는 자리는 망지이므로 이장을 해야 한다.

수염이 든 묘지의 후손은 손재(損財)와 요절(夭折) 그리고 백 가지 병을 앓는다. 그런데 무덤에 음수(陰水)가 들면 우환이 오래 계속되고 양수(陽水)가 들면 우환이 빨리 지나간다.

목염(木廉)

묏자리 주변의 나무뿌리나 풀뿌리가 무덤 안으로 뻗어와 시신을 뒤덮는 현상이 목염이다.

목염(木廉)이 드는 원인은 흙이 덜된 자갈이 뒤섞인, 말하자면 잡지(雜地)에 묘지를 쓸 때 흔히 일어난다.

묘지에 목염이 들면 그 후손의 집안에는

가족 중에 심한 병을 앓는 사람이 있다.

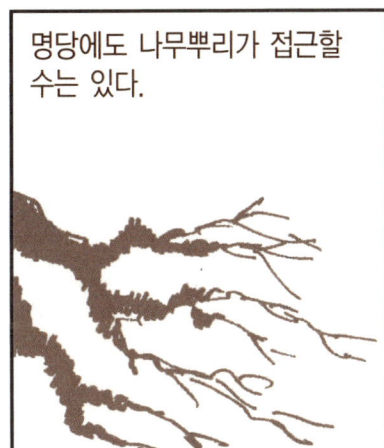

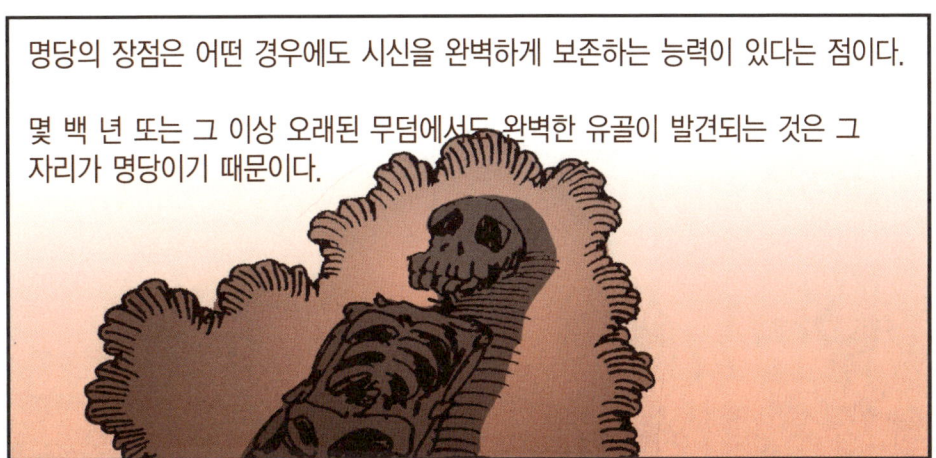

충염은 무덤 속에 잡다한 벌래나 뱀, 개구리 등이 침입하는 현상이다.

충염이 생기는 원인으로는 청룡백호가 비었거나 네 방위가 비었을 때, 주변에 잡석(雜石)이 널려 있으면 충염의 우려가 있다.

충염이 생기면 즉시 다른 곳으로 이장을 해야 한다. 그 화가 후손에게 미치기

식구가 요절하거나 파산하는 원인 중에는 선조의 묏자리에 벌레가 든 경우가 많고

뱀떼가 득실대는 무덤의 후손 중에는 정신이상이 된 사람이 많다.

화염(火廉)은 백골이 흡사 불에 그을린 것처럼 까맣게 타서 무게도 줄어든 이변이고

풍염(風廉)은 무덤 속에 바람이 들어 유골이 까맣게 변하는 현상이다.

둘 다 자손에게 나쁜 화를 미치게 하므로 그런 사실이 확인되면…

곧바로 이이장(移葬)을 서두르는 것이 좋다.

원인을 들자면 묏자리가 돌밭이거나 선익이 허전하면 화염이 들고…

묏자리 좌우 산세가 기울거나 어느 한쪽 산세가 끊어졌을 때는 풍염(風廉)이 든다고 한다.

제대로 된 풍수라면 그런 자리를 묏자리로 잡지 않는다.

그런데도 그런 망지에 무덤을 만드는 사람이 생기는 것은 (얼풍수)의 농간이다.

얼풍수! 의사로 말하자면 돌팔이, 무당으로 치면 선무당이다.

쥐뿔도 모르는 작자들이 풍수입네 해가며 비싼 돈 받아 챙기고 명당이랍시고 잡아주는 자리 중에 이렇듯 집안 망치는 망지(亡地)가 많다.

발복(發福)과 재액(災厄)이란 무엇일까

만일 자손들이 편리함만을 쫓아 망지(亡地)에 모시게 되면

시신이 편치 못하니 영혼은 자손에게 이장을 요구하는 뜻에서 해코지를 하게 되고…

해를 입은 자손은 망쪼가 들고, 덩달아 무덤도 볼썽사납게 되고 그런 악순환이 되풀이 된다.

그럴 바에야 차라리 화장(火葬)을 하는 쪽이 죽은이나 살아 있는 가족을 위해서 좋은지도 모르지.

풍수를 배우는 목적 중에는 얼치기 풍수에게 속아 돈 허비하고 집안 망치는 노릇을 막아보자는 뜻도 있다.

원래 얼치기 풍수일수록 유식한 척해 가며 설치기 마련인데…

잘 살펴보면 얼치기 풍수는 몇 가지 특징이 있다.

첫 번째는 남이 잡아 놓은 묏자리를 헐뜯는 위인

두 번째는 혈자리도 제대로 짚지 못하면서 조상이 어떻고 안산이 어떻고 유식을 자랑하는 작자

부적을 사면 명당이 된다고 떠드는 작자도 얼치기 풍수!

망지가 부적 한 장에 명당이 된다는 허무맹랑한 얘기를 내놓은 작자가 과연 옳은 풍수일까? 절대로 아니다!

제대로 풍수지리에 통달하고 땅의 섭리를 깨달은 풍수는 사례비에 눈이 어두워 되잖은 짓으로 난 척을 하지도 않는다.

요즘 세상… 매스컴 타고 행세하는 얼치기 풍수들이 좀 많은가? 큰 문제다.

옛말에도 명당은 구하는 일보다 옳은 풍수를 만나는 것이 더 중요하다고 한 이유는 그 때문이다. 알겠느냐?

알았슴다

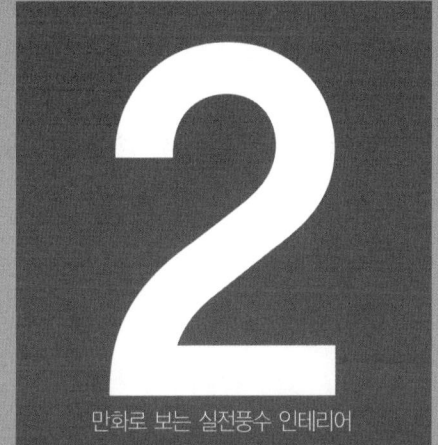

2

만화로 보는 실전풍수 인테리어

특별부록

만가(상여소리)

●부록

만가挽歌(상여나갈 때 부르는 소리)

● 만가挽歌의 의의

만가挽歌는 우리나라 구전口傳 민요民謠의 하나로서 상여喪輿를 메고 갈 때 부르는 노래다. 따라서 구비口碑 전승傳承으로서의 민중문학인 동시에 민속民俗인 것이다. 그러므로 만가挽歌는 전통문화의 중요한 유산이며 어느 면에서는 기록문학에 비할 수 없는 절실切實한 생활 그 자체이다.

만가는 쉽게 상여소리, 상부소리, 영결소리라고 하며 또 향도가, 향두가, 상두가喪土歌, 상두가常頭歌, 해로가라고도 부른다. 향도가란 신라와 고려시대의 향도라는 일종의 신앙에서 연유된 것으로, 불교와 무속의 두 요소가 내포된 노래였다. 그래서 향도란 요즘 단원團員이나 회원과 같은 말로, 죽은 사람들이 합창하는 상여노래를 향도가라 했다. 향도들이 상여를 운상運喪하게 된 것은 망인亡人을 영천영지에 극락시킨다는 신앙적 요소가 내포돼 있었는데, 이 향도가 향두로 변음되어 향두가가 된 것이다.

상여喪輿의 낮은말로 상두喪土란 말이 있는데, 여기서 土는 뿌리를 의미하는 뜻에서 '두'로 발음해야 한다.

만가挽歌를 호남지방에서는 상부가, 제주도에서는 답산가라 일컫고 있는데, 상부가란 옛날 향약의 상부상조에서 나온 말이고, 답산가란 상여喪輿를 메고 산으로 올라간다는 데서 쓰인 것이다.

만기挽歌에는 상여喪輿를 메고 묘지를 향하면서 부르는 노래와 매장埋葬한 뒤에 흙을 다질 때 부르는 노래가 있는데, 특히 후자後者는 '달구지'라고 따로 말하기도 한다. 지금은 거의 소멸消滅되었지만 봉분封墳까지 완전히 다 끝마치고 돌아오면서 부르는 '신하지'라는 허전한 노래도 있었는데, 다른 지방에서는 볼 수 없고 오직 해남군과 고흥군 일부지역에서만 간신히 명맥命脈을 유지維持해 오고 있고, 이와 같이 돌아오면서 부르는 노래까지를 총칭總稱하여 만기挽歌라 한다.

또한 만기挽歌는 분명히 행정구역 경계선과는 아무런 관계가 없이 별개別個의 만가권이란 게 엄연히 존재하고 있는데, 대체로 1개군에는 4~5개 정도의 만가권으로 형성形成되어 있어 그것이 똑같은 것같이 들리는데도 실제로 조사해 보면 어딘가 서로 다른 데가 있다는 데 묘미妙味가 있다. 군세郡勢가 약한 곳은 기껏 6개면으로 구성돼 있지만 더러는 16개면으로 이뤄진 대군도 있어서 평균 1군 10개면으로 잡고 있는데, 1군이 평균 4~5개인 만가권으로 형성되어 있다고 본다면, 대략 2~3개면이 한 만가권으로 같은 만기挽歌를 부르며 운상運喪한다는 결론이 나온다.

따라서 만가권의 지도를 작성한다면 한 마을이 양쪽으로 갈라져 이쪽과 저쪽이 각기 다른 만가권에 속하게 되는 기이奇異한 현상現狀이 생기기도 한다. 그러나 제주와 호남 3도에서 만도 무려 160개 이상의 만가권이 형성돼 있어서 서로 다른 만기挽歌를 부르면서 상여喪輿를 메고 간다는 사실을 알 수 있는데, 그런 비율로 계산計算해 보면 남한 전체에는 약 700개 이상의 만가권이 분포돼 있을 것으로 추정推定됩니다.

만기挽歌는 사람이 죽었을 때 상여喪輿를 메고 가면서 부르는 민요(窯의 일종인 상여소리이지만 운구運柩하는 형태形態와 불리는 노래가 특이하다. 상여喪輿를 메고 갈 때 다른 지방에서는 남자만이 상두꾼이 되고 만가의 선창자先唱者는 요령이나 북을 치면서 메김소리를 하지만 진도珍島에서는 여자도 상두꾼으로 참여參

輿하고 만가의 반주伴奏 악기樂器로 사물四物과 피리가 등장登場하며 메김 소리와 뒷소리를 뒷받침해 준다. 뿐만 아니라 가면을 쓴 방장쇠 두 사람이 조랑말을 타고 칼춤을 추면서 잡신雜神을 쫓는가 하면 햇불이 등장登場하고 상주喪主들의 상복(喪服) 또한 특이하다. 진도의 만가는 부자나 유지의 상례喪禮에는 신청의 예인藝人들을 초청하여 만가를 부르게 하는 경우와 일반적으로 근방에서 상여소리를 잘하는 사람을 불러 상여소리를 메기게 하는 경우가 있다.

● 만가輓歌의 종류

만가輓歌는 대체로 상여를 메고 묘지로 가면서 부르는 것과 매장을 하고 흙을 다지면서 부르는 노래가 있다고 하나 일반적으로 만가라고 할 때는 대개 전자에 해당한다.

1. 사설詞說 다음에 후렴이 붙는 경우 – 상주지방
2. 먼저 후렴을 가지고 매김소리와 받는소리로 반복하고 나서 사설 다음에 후렴이 붙는 경우 – 임실지방
3. 후렴이 먼저 오고 사설이 그 다음에 붙는 경우 – 청주지방
4. 후렴이 사설 앞에 붙여지다가 끝에 가서 후렴만이 불려지는 경우 – 제주지방
5. 첫 연만은 먼저 후렴이 오고 그 다음에 사설, 그 뒤에 또 후렴이 붙다가 그 연부터는 사설 다음에 후렴이 붙는 경우 – 제주지방

울릉도鬱陵島 만가는 둘째 임실지방의 것과 같은 것이라 할 수 있으나, 임실의 것은 처음 후렴을 반복하는데 울릉도 만가에서는 반복하는 것이 없고 다만 메김소리 뿐이다.

서울·경기도

● 향두가

세상천지~ 만물중에~ 사람밖에~ 또있는가
〔후렴〕~ 〈에헤- 에헤-〉
여보시오~ 시주남네~ 이내말씀~ 들어보소~ 이세상에~ 나온사람~ 뉘덕으로~ 나왔는가~ 석가여래~ 공덕으로~ 부모님전~ 뼈를빌어~ 어머니전~ 살을빌어~ 칠성님전~ 명을빌어~ 제석님전~ 복을빌어~ 이내일신~ 탄생하니~ 한두살에~ 철을몰라~ 부모은덕~ 알은손가~ 이삼십을~ 당하여도~ 부모은공~ 못다갚아~ 어이없고~ 애닲고나~ 무정세월~ 여류하여~ 원수백발~ 돌아보니~ 없던망령~ 절로난다~ 망령이라~ 흉을보고~ 구석구석~ 웃는모양~ 애닲고도~ 섧은지고~ 절통하고~ 통분하다~ 할수없다~ 할수없다~ 홍안백발~ 늙어간다~ 인간의~ 이공도를~ 누가능히~ 막을손가~ 청초~ 연년록이나~ 왕손은~ 귀불귀라~ 우리인생~ 늙어지면~ 다시젊지~ 못하리라~ 인간백년~ 다살아야~ 병든날과~ 잠들날과~ 걱정근심~ 다제하면~ 단사십도~ 못살인생~ 어제오늘~ 성턴몸이~ 저녁나절~ 병이들어~ 섬섬약질~ 가는몸에~ 태산같은~ 병이드니~ 부르나니~ 어머니요~ 찾는것이~ 냉수로다~ 인삼녹용~ 약을쓰나~ 약효험이~ 있을손가~ 판수불러~ 경읽은들~ 경의덕을~ 입을손가~ 무녀불러~ 굿을하나~ 굿덕인들~ 입을손가~ 재미쌀을~ 빌고빌어~ 명산대찰~ 찾아가서~ 상탕에~ 메를씻고~ 중탕에~ 목욕하고~ 하탕에~ 수족씻고~ 촛대한쌍~ 벌려놓고~ 향로향합~ 불갖추고~ 소지일장~ 드린후에~ 비나이다~ 비나이다~ 칠성님전~ 발원하고~ 신장님전~ 공양한들~ 어느성현~ 알음있어~ 감흥이나~ 할까보냐~ 제일전에~ 진광대왕~ 제이전에~ 초강대왕~ 제삼전에~ 송제대왕~ 제사전에~ 오관대왕~ 제오전에~ 염라대왕~ 제육전에~ 번성대왕~ 제칠전에~ 태산대왕~ 제팔전에~ 평등대왕~ 제구전에~ 도시대왕~ 제십전에~ 전륜대왕~ 열시왕의~ 명을받아~ 한손에~ 철봉

들고~ 한손에~ 창검들고~ 쇠시슬을~ 비껴차고~ 활등같이~ 굽은길로~ 살대같이~ 달려가서~ 닫은문을~ 박차면서~ 뇌성같이~ 소리하고~ 성명삼자~ 불러내어~ 어서가자~ 바삐가자~ 뉘분부라~ 거역하며~ 뉘명이라~ 지체할까~ 실낱같은~ 이내목숨~ 팔뚝같은~ 쇠시슬로~ 결박하여~ 끌어내니~ 혼비백산~ 나죽겠네~ 여보시오~ 사자님네~ 노자도~ 갖고가게~ 만단개유~ 애걸한들~ 어느사자~ 들을손가~ 불쌍하다~ 이내신세~ 인간하직~ 망극하다~ 명사십리~ 해당화야~ 꽃진다고~ 설워마라~ 명년삼월~ 봄이오면~ 너는다시~ 피련마는~ 우리인생~ 한번가면~ 다시오기~ 어려워라~ 북망산~ 들어갈제~ 어찌갈고~ 심산험로~ 한정없는~ 길이로다~ 언제다시~ 돌아오랴~ 이세상을~ 하직하니~ 불쌍하고~ 가련하다~ 처자의~ 손을잡고~ 만단설화~ 다못하여~ 정신차려~ 살펴보니~ 약탄광~ 벌여놓고~ 지성구호~ 극진한들~ 죽을목숨~ 살릴손가~ 옛늙은이~ 말들으니~ 저승길이~ 멀다더니~ 오늘내야~ 당하여서~ 대문밖이~ 저승이라~ 친구벗이~ 많다한들~ 어느누가~ 동행할까~ 구사당에~ 하직하고~ 신사당에~ 허배하고~ 대문밖을~ 썩나가니~ 적삼내어~ 손에들고~ 혼백불러~ 허배하니~ 없던곡성~ 낭자하다~ 일직사자~ 손을끌고~ 월직사자~ 등을밀어~ 풍우같이~ 재촉하여~ 천방지방~ 몰아갈제~ 높은데는~ 낮아지고~ 낮은데는~ 높아진다~ 악의악식~ 붙은재산~ 먹고가며~ 쓰고가랴~ 사자님아~ 사자님아~ 내말잠깐~ 들어주오~ 시장한데~ 점심하고~ 신발이나~ 고쳐신고~ 쉬며가자~ 애걸한들~ 들은체도~ 아니하고~ 쇠몽치로~ 등을치며~ 어서가자~ 바삐가자~ 이렁저렁~ 여러나라~ 저승원문~ 다달으니~ 우두나찰~ 마두나찰~ 소매차며~ 달려들어~ 인정달라~ 비는구나~ 인정쓸돈~ 반푼없다~ 담배끊고~ 모은재산~ 인정한푼~ 써볼손가~ 저승으로~ 옮겨올까~ 환전부쳐~ 가져올까~ 의복벗어~ 인정쓰며~ 열두대문~ 들어가니~ 무섭기도~ 끝이없고~ 두렵기도~ 측량없다~ 대령하고~ 기다리니~ 옥사직이~ 분부듣고~ 남녀죄인~ 등대할제~ 정신차려~ 살펴보니~ 열시왕이~ 좌기하고~ 재판관이~ 문서잡고~ 다짐받고~ 봉초할제~
어두귀면~ 나찰들은~ 전후좌우~ 벌려서서~ 기치창검~ 삼엄할때~ 형벌기구~

차려놓고~ 대성호령~ 기다리니~ 엄숙하기~ 측량없다~ 남자죄인~ 잡아들여~ 형벌하며~ 묻는말이~ 이놈들아~ 들어보라~ 선심하랴~ 발원하고~ 진세간에~ 나아가서~ 무삼선심~ 하였는가~ 바른대로~ 아뢰어라~ 용방비한~ 본을받아~ 임금님께~ 극간하여~ 나라에~ 충성하며~ 부모님께~ 효도하며~ 기사구제~ 하였는가~ 헐벗은이~ 옷을주어~ 구난공덕~ 하였는가~ 좋은곳에~ 집을지어~ 행인공덕~ 하였는가~ 깊은물에~ 다리놓아~ 월천공덕~ 하였는가~ 병든사람~ 약을주어~ 활인공덕~ 하였는가~ 높은산에~ 불당지어~ 중생공덕~ 하였는가~ 좋은밭에~ 원두심어~ 행인해갈~ 하였는가~ 부처님께~ 공양드려~ 마음닦고~ 선심하여~ 열불공덕~ 하였는가~ 어진사람~ 모해하고~

불의행사~ 많이하며~ 탐제함이~ 극심하니~ 너의죄목~ 어찌하리~ 죄악이~ 심중하니~ 풍도옥에~ 가두어라~ 착한사람~ 불러내어~ 위로하며~ 대접하여~ 몹쓸놈들~ 구경하라~ 이사람은~ 선심으로~ 극락세계~ 가올지니~ 이아니~ 좋은손가~ 소원대로~ 부를적에~ 네원대로~ 하여주마~ 극락으로~ 가려느냐~ 연화대로~ 가려느냐~ 선경대로~ 가려느냐~ 장생불사~ 하려느냐~ 서왕님의~ 시환되어~ 반도소임~ 하려느냐~ 네소원을~ 아뢰어라~ 옥제에게~ 소품하사~ 남중절색~ 되어나서~ 요지연에~ 가려느냐~ 백만군중~ 도독되어~ 장수몸이~ 되겠느냐~ 어서바삐~ 아뢰어라~ 석가여래~ 아미타불~ 옥제전에~ 주문하여~ 산신불러~ 의논하며~ 제도하게~ 이문하자~ 저든자람~ 선심으로~ 어서바삐~ 시행하여~ 대웅전에~ 초대하여~ 쉬이되어~ 나가리라~ 몹쓸놈들~ 잡아내어~ 다과올려~ 대접하며~ 너희놈은~ 죄중하니~ 착한사람~ 구경하자~ 남자죄인~ 처결한후~ 풍도옥에~ 가두어라~ 엄형국문~ 하는말이~ 여자죄인~ 잡아들여~ 시부모와~ 친부모께~ 너의죄목~ 들어봐라~ 동생항렬~ 우애하며~ 지성효도~ 하였느냐~ 고약하고~ 간혹한년~ 친척화목~ 하였느냐~ 동생간에~ 이간하고~ 부모말씀~ 거역하고~ 세상간악~ 다부리며~ 형제불목~ 하게하며~ 못듣는데~ 욕을하고~ 열두시로~ 마음변화~ 군말하고~ 성내는년~ 마주보고~ 웃음낙담~ 시기하기~ 좋아한년~ 남의말을~ 일삼는년~ 죄목을~ 물은후에~ 풍도옥에~ 가두어라~ 죄지경중~ 가리어서~ 온갖형벌~ 하는구나~ 도산지옥~ 화산지옥~ 차례대로~ 처벌할제~ 백설지옥~ 독사지옥~ 한빙지옥~ 금주지옥~ 모든죄인~ 처벌한후 각처지옥~ 부부지옥~ 착한여자~ 불러들여~ 대연을~ 배설하고~ 소원대로~ 다일러라~ 공경하며~ 하는말이~ 요지연에~ 가려느냐~ 선녀되어~ 가려느냐~ 재상부인~ 되려느냐~ 남자되어~ 가려느냐~ 부귀공명~ 하려느냐~ 제모왕후~ 되려느냐~ 소원대로~ 다일러라~ 네원대로~ 하여주마~ 극락으로~ 가게하니~ 선녀불러~ 분부하며~ 그아니~ 좋을손가~ 선심하고~ 마음닦아~ 불의행사~ 하지마소~ 회심곡을~ 업신여겨~ 선심공덕~ 아니하면~ 생마현상~ 못면하고~ 구렁배암~ 못면하네~ 조심하야~ 수심하라~ 수신제가~ 능히하면~ 치국안민~ 하오리라~ 신상사후~ 참혹하니~ 알았나니~ 우리형제~ 자선사업~ 많이하여~ 내생을~ 잘닦아서~ 극락을~ 나아가세~ 나무아미타불 관세음보살

● 상여 의식 노래

저승길이 멀다해도~ 대문밖에 저승이다~

[후렴] 〈오홍 오아 오홍 오아〉

서산낙조~ 떨어진다해도~ 내일아침이면~ 돋건마는 또돋건마는~ 백발염주를 목에다걸고~ 극락세계 찾아가자~ 천산만민 시주님들~ 이세상에 사람밖에~ 또있으리오~ 인간세상에 나오신양반들~ 임자절로 났으라고~ 거들대고 벙청대시고~ 부모말씀 하대하셔도~ 불법말씀 들어보시면~ 인간세상에 나오신양반들~ 임자절로~ 아니났습니다.~ 은중경은 어머님경이요~ 법화경은 아버님경인데~ 아버님전에 뼈를 빌으시고~ 어머님전에 살을 사여~ 인간세상에 나오신 양반들~ 칠성님에다 명을 받구~ 제석님의 복을 받아~ 십삭만에 나오실적에~ 석달만에 피를모구~ 여섯달에 육신생겨~ 십삭만에 탄문탄생~ 낳은자손 그어머님이~ 다그자손을 기르실때~ 어떤공력이 들었으료~ 진자리골라~ 어머님 누웁시고~ 옆 마른자리~ 아기를 뉘시고~ 음식이라 맛을 보아~ 쓰디쓴것 골라 노읍시고~ 쓰디쓴것 불

상한것~ 내어머님이 주야밤낮~ 잡수시고 달고단것~ 애기를 먹이시고~ 오뉴월이라 단열밤에~ 모기빈대 각다귀가~ 뜯을세라 염려돼서~ 다떨어진 세살부치를~ 손에들고 그저후리드리~ 동실날려 주옵시구~ 동시섣달 설한중에~ 백설펄펄 휘날릴때~ 그자손이 잠이들면~ 덮은데다 더두둑히~ 덮어주시고 그자손이~ 잠이 깨면~ 부모일천 간장에~ 왼몸둥이를 쓸어주시며~ 왼팔왼젖을 물려놓고~ 어머님전 아버님전~ 사랑에겨워~ 웅덩허리치시면~ 사랑겨워 하시는 말씀들~ 은자동아 금자동아~ 만첩청산에 보배동아~ 은자동아 금자동아~ 건지건곤에 일월동아~ 나라님에 충신동아~ 부모님에 효자동이야~ 동네방네 구염동이야~ 굴레벗은 용마동이야~ 오색비단에 채색동이야~ 채색비단에 오색동이야~ 은을주면 너를사며~ 금을주면 너를 살소냐~ 사람마다 부모님의 공이~ 태산이로다~ 무겁지가 않습니다.~ 에이여라달고~ 에이여라달고

● 상여소리

못다입고 못다먹고~ 세상밖에 나간다~
〔후렴〕〈너구리 넘처 너이터〉
꽃이지면 영지느냐~ 동지섣달 꽃지었다~ .춘삼월에 다시핀다~ 이내인생 한번가면~ 움이있나 싹이있나~ 나는간다 이내인생 한번가네~ 움이있나 싹이있나~ 젖은자리 마른자리~ 먹여서 길러 낳더니~ 오늘날 너하고~ 나하고는 이별이다~ 뒷동산에 보이는~ 할미꽃은 늙으나~ 젊으나 꼬부라져서~ 이내인생 삼십도~ 못살아서 세상을 버렸다.~ 원통하고 가련하다~ 이산 저산~ 뻐꾹새는 울음이 절로오고~ 이내인생 한번 죽어서~ 뻐꾹새 우는소리 못듣는다~ 어두운 밤에 땅에 묻히니~ 뼈는 썩어서 황토흙이되고~ 살은 썩어서 물이되고~ 달아달아 밝은달아~ 이내동천 비친달아~ 저달떠서 온다면은~ 우리부친 한번 가신 양반~ 언제나 오나 저달은 지는데 부모생각 절로난다~ 이내가신 양반은~ 움이 있나 싹이 있나~ 산소에 가보니~ 풀뿌리만 퍼졌네~ 풀뿌리도 서리를 맞으면~ 단풍이 든다

강원도

● 행두가

일시압명은 극락세계~ 나무아미타불~ 천지는 분단후에~ 삼남화상 일어나니~ 세상천지 만물중에~ 사람밖에 또있는가~ 여보시오 시주님네~ 이내말씀 들어보소~ 이지상에 나온사람~ 뉘덕으로 생겨났나~ 불보살님 은덕으로~ 아버님전 뼈를 타고~ 어머님전 살을 베고~ 칠성님전 명을 타고~ 제석님전 복을 타고~ 석가여래 제도하여~ 인생일신 탄생하니~ 한두살에 철을 몰라~ 부모은공 모르다가~ 이삼십을 당해오니~ 애옥한 고생살이~ 부모은공 갚을손가~ 절통하고 애통하다~ 머리뽑아 산을 삼고~ 살을 베어 창을 박고~ 이를 빼어 징을 걸어~ 아버님도 신으시오~ 어머님도 신으시오~ 부모은공 못다갚고~ 무정세월 약유하여~ 원수백발 달려드니~ 인생칠십 고래희라~ 없던망령 절로 난다~ 마음이야 변할소냐~ 이팔청춘 소년들아~ 노인 망령 웃지마라~ 눈어둡고 귀먹으니~ 망령이라 웃는 모양~ 절통하고 애닯도다~ 하릴없고 하릴없다~ 홍안백발 되었으니~ 다시 ㅈㅓㄽ지 못하리라~ 인생백년 다살아도~ 병든날 잠든날~ 걱정근심 다제하면~ 단사십을 못사누나~ 어제 오늘 성턴 몸이~ 저녁나절 병이 들어~ 섬섬하고 약한 몸이~ 태산같은 병이드니~ 부르느니 어머니요~ 찾느니 냉수로다~ 인삼녹용 약을먹은들~ 약덕인들 입을손가~ 판수들여 송경한들~ 경덕이나 입을손가~ 무녀불러 굿을한들~ 굿덕이나 입을손가~ 백미서되 쓸고쓸어~ 명산대천 찾아가서~ 상탕에 마지짓고~ 중탕에 목욕하고~ 하탕에 세수하고~ 황초한쌍 불켜놓고~ 향로향합 갖추고~ 소지한장 올린후에~ 비나이다 비나이다~ 하나님전에 비나이다~ 칠성님께 기도하고~ 부처님께 공양한들~ 어느곳 부처님이~ 응하여 살을손가~ 십왕전에 부리던 사자~ 십왕전에 명을 받아~ 일직사자 월직사자~ 한손에 배자들고~ 또한손에 철퇴들고~ 와과사슬 비껴차고~ 활등같이 굽은길로~ 살대같이 달려들어~ 천둥같이 호령하며~ 성명삼자 불러내며~ 어서가자 바삐가자~ 뉘분부라 거사리며~ 뉘명이라 지체할까~ 실낱같은 이내목에~ 팔뚝같은 쇠사슬을~ 한번매어 끌어내니~ 혼비백산 나죽겠네~ 사자님네들은 이내~ 말씀 들으시오~ 시장한데 점심이나~ 잡수시고~ 신발이나 고쳐신고~ 노자나 가지고 가세~ 만단개유 애걸한들~ 저사자 들을손가~ 애고답답 설운지고~ 혼비백산 나죽겠네~ 불쌍하다 이내일신~ 인간타락 망극하다~ 명사십리 해당화야~ 꽃진다고 설워마라~ 명년 삼월 돌아오면~ 너는 다시 피려니와~ 인생한번 돌아가면~ 다시오기 어려워라~ 이세상을 하직하고~ 북망산에 가리로다~ 어찌갈꼬 심산유곡~ 정처없는 길이로다~ 불쌍하고 가련하다~ 언제다시 돌아오리~ 처자식의 손을 잡고~ 만단설화 귀언하고~ 정신차려 둘러보니~ 구십각 아버님이~ 삼탕관을 벌여놓고~ 한모금 더 받아라~ 두모금 더 받아라~ 한숨짓고 함숨지며~ 혼비백산 나죽겠네~ 웃목을 바라보니~ 팔십각 어머님이~ 미음그릇 앞에 놓고~ 한순갈 더 받아라~ 두숟갈 더 받아라~ 눈물짓고 앉은모친~ 혼비백산 나죽겠네~ 지성구호 극진한들~ 죽을명을 살릴소냐~ 옛늙은이 말들이~ 저승길이 멀다더니~ 오늘내게 당하여~ 대문밖이 저승일세~ 친구벗이 많다한들~ 어느친구 대신가며~ 일가친척 많다한들~ 어느일가 등장갈까~ 구사당에 허배하고~ 신사당에 하직하고~ 대문밖을 썩나서니~ 적삼내어 초혼하니~ 없덕곡성 낭자하네~ 월직사자 등을 밀고~ 일직사자 손을 끌고~ 천방지축 돌아갈제~ 높은데는 얕아지고~ 얕은데는 높아지니~ 시장하고 숨이차다~ 애옥하고 고생살이~ 알뜰살뜰 모은전량~ 먹고가나 쓰고가나~ 세상이 허사로다~ 사자님께 쉬며가세~ 들은척도 아니하고~ 쇠몽치로 두드리며~ 어서바삐 가자하니~ 그럭저럭 열나흘만에~ 저승원문 다다르니~ 우두나찰 마두나찰~ 소리치며 달려들어~ 인정달라 하는소리~ 인정쓸돈 많이없다~ 담배주려 모은재물~ 인정한번 써나보세~ 저승으로 나려갈제~ 환전부쳐 가져올까~ 의복벗어 인정쓰고~ 열두대문 들어가니~ 무섭기도 그지없고~ 두렵기도 측량없다~ 대령하고 기다리니~ 왕사장이 분부하여~ 남녀죄인 잡아들여~ 다짐받고 문초할제~ 귀명청죄 나졸들이~ 전후좌우 벌려서서~ 기치창검 삼열한데~ 형장기구 차려놓고~ 대상호령 기다릴제~ 엄숙하기 측량없다~ 남녀죄인 잡아들여~ 차례차례

정구하여~ 나림한후 형벌하고~ 묻는말이 이놈들아~ 보아라~ 선심하여 발원하고~ 진세간에 나가더니~ 무슨선심 하였느냐 바른대로 아뢰어라~ 용왕비간 본을 받아~ 한산극진 충성하며~ 중자왕생 호칙하여~ 혼정신성 효도하며~ 늙은이를 공경하고~ 형제간에 우애하고~ 제공화눈부에~ 무슨화목 하였으며~ 붕우유신 하였느냐~ 선심공덕 하나니~ 무슨선심 하였느냐~ 바른대로 아뢰어라~

● 장례식 때 메김노래

어화—벗님네야~ 이내말삼 들어보소~
〔후렴〕〈어화 어화〉
이인생이 천지간에~ 이아니 총총한가~ 평생을 다살아도~ 백년이 잠시로다~ 역려 건곤에~ 지나가는 손이로다~ 비루한 이내인생~ 꿈속의 몸이로다~ 남아의 일 다하여도~ 오히려 풀꽃에 이슬이로다~ 하물며 내일이야~ 광음을 헤어보니~ 반생이 다못되어~ 육륙에 둘이 없네~ 이왕을 생각하고~ 지금을 헤어보니~ 번복도 축량없고~ 성패도 그지없네~ 남네도 이러한가~ 나혼자 이러한가~ 내역시 내일이나~ 도리어 내몰래라~ 장우단탄 절로나니~ 도승상감 뿐이로다~ 부모생아 하오실제~ 사주팔자 점복하니~ 수복강녕 가졌고나~ 귀양살이 있었으랴~ 옥색채의 몸에 입고~ 노래자를 효칙하야~ 슬하에 어린채로~ 시름없이 자랐더니~ 십이세에 자모상사~ 나의명도 기박하다~ 혈기미성 어린기운~ 호곡대통 혼절하니~ 그때에 죽었더면~ 이때고생 없으련만~ 궁천지통 슬픈눈물~ 매봉가절 몇번인가~ 이런일도 많거니와~ 봉공무가 하리로다~ 어진자당 들어오사~ 임사지덕 가졌으니~ 맹모가 삼천지교~ 일마다 법하시고~ 선조에 읍도함은~ 지성이 감천이요~ 백리를 불문함은~ 효자의 할바로다~ 입신 양명은~ 문호에 광채되고~ 행세에 먼저할일~ 글밖에 또 있는가~ 통사고문 사서삼경~ 당음장편 송편시를~ 권권히 숙독하고~ 자자이 외워대어~ 읽기도 하려니와~ 짓긴들 아니하랴~ 삼월춘풍 화류시와~ 구축황국 등고절에~ 소인묵객 벗이 되어~ 임풍영월 일삼을제~ 당시의 조격이요~ 소영시의 재치로다~ 문여필이 한가지라~ 산압기도 하오리라~ 왕무군의 친체련가~ 조맹부의 촉제련가~ 문일지심 총명으로~ 일시재능 일컫더니~ 동방화촉 늦어간다~ 약관전에 유실하니~ 유한정정 법을 받아~ 삼종지의 알았으니~ 대조의 어진처는~ 홍가할 징조로다~ 익재삼우 손재삼우~ 내익혀 알았건만~ 친구의 꾀임빠져~ 그른길로 드는구나~ 천금준마 환소첩은~ 소년놀이 더욱좋다.~ 자금맥상 번화경을~ 나도 잠깐 하오리라~ 잊은 마은 전혀 없고~ 호심광흥 절로나니~ 백마황혼 미친마음~ 유협경박 다다른다~ 무릉장대 천진교도~ 명승지라 하였으니~ 망월대와 관덕정도~ 놀이처가 아니런가~ 화조월석 빈날없이~ 주사청류 노닐적에~ 만춘향로 익취하고~ 절대가인 현혹하여~ 취대라곤 고흔태도~ 청가묘무 희롱할제~ 풍류호사 그런즐김~ 주중선부 부러하랴~ 만사무심 잊었으냐~ 수신제가 생각하야~ 낙이망방 하였으니~ 부근심 깊었도다~ 맥상변화 자랑하니~ 규중홍안 늦어간다~ 용전여수 하였으니~ 천금산진 불부래야~ 극성이면 필페이니~ 홍진비래 되었구나~ 청천백일 밝은날에~ 뇌성벽력 급히친다~ 삼혼칠백 흩어지니~ 천지인사 안올소냐~ 나 지은 죄 헤아리니~ 예산약해 하리로다~ 아깝도다 내몸이여~ 애닯도다 내일이여~ 충효양전 못하고서~ 한번일을 그릇하여~ 등잔불 치는나비~ 저죽을줄 알았으며~ 어디서 식록지신~ 죄짓고져 하였으랴~ 대액이 당도하고~ 눈조차 어두워서~ 마른섶을 등에쥐고~ 열화중에 들었도다~ 불충불효 되었으니~ 뉘우친들 어이하리~ 국법이 지중하매~ 죽기만 바랐더니~ 일영을 꾸이압서~ 해도에 내치시니~ 이도성은 아니시랴~ 가지록 망극하다~ 강두에 배를 메고~ 친척고구 이별하고~ 슬픈울음 소리에~ 막막수운 머무른듯~ 손잡고 이른말이~ 조히가랴 당부하니~ 가슴이 막히거든~ 대답이 나올소냐~ 여취 여광하니~ 눈물이 하직할세~ 강상에 배를 띄니~ 이별시가 이때로다~ 무정할사 흐르는배~ 빠르기 살같이여~ 일대창강 장강에~ 어느사이 가로젖다~ 장우 탄탄으로~ 동작강을 건너오니~ 규천고지 아무런들~ 아니갈릴 되겠느냐~ 범같은 관차들은~ 수이가자 재촉한다~ 하릴없이 말에 올라~ 앞길을 바라보며~ 청산이 몇겹이며~ 녹수는 몇구빈고~ 넘도록 뫼이오고~ 건너도 녹음이로다~ 석양은 재를 넘고~ 공산은 적막한데~ 녹음은 우거지고~ 두견은 제혈한다~ 슬프도다 우짓나냐~ 불여귀는 무슨일로~ 네일로 우짓나냐~ 내일로 우짓나냐~ 닫는말 제거가니~ 압참이 어데메뇨~ 높은령 바삐 올라~ 고향을 바라보니~ 창망한 구름 밖에~ 백구비거 뿐이로다~ 경기도를 얼른 지나~ 충청도로 달려드니~ 계룡산 높은뫼에~ 눈결에 지났에라~ 열읍에 관문맞고~ 곳곳이 점고하여~ 은진을 넘어가니~ 여산은 전라도라~ 직산을 얼른 지나~ 전주로 들어가서~ 성지산천 돌아보니~ 반갑다 남문거리~ 백각전이 버렸으며~ 종각로를 지나가니~ 한벽당이 소쇄하고~ 조일이 높았에라~

충청도

● 향두가

세상천지 만물중에~ 사람에서 또있는가~ 여보시오 동포님네~ 이내말씀 들어보오~ 이세상에 나온사람~ 뉘덕으로 생겼는가~ 하느님의 은덕으로~ 아버님전 뼈를타고~ 어머님전 살을타고~ 칠성님께 명을타고~ 제석님께 복을타고~ 석가여래 제도하야~ 인생일신 탄생하니~ 한두살에 철을몰라~ 부모은공 모르다가~ 이삼십을 당하여는~ 애옥한 고생살이~ 부모은공 갚을소냐~ 절통하고 애통할손~ 부모은공 못다갚아~ 무정세월 약류따라~ 원수백발 달려드니~ 인생칠십 고래희라~ 없던망령 절로난다~ 천하가 좁단말씀~ 공부자의 말씀이요~ 노국이 좁은줄은~ 우리는 몰랐더라~ 천간을 살펴보고~ 지현을 살펴보니~ 태황산이 현무되고~ 금산이 주작이라~ 천태산이 청룡이요~ 금강산이 백호로다~ 소상강 동정호는

~ 지당이 되어있고~ 황하수 악양루는~ 경지를 새겼구나~ 남경은 황천부요~ 북경은 순천부라 오늘은 동남이요~ 연지서 북이라~ 제토는 산동이요~ 환위는 중국이라~ 동서쪽 두지경은~ 중국의 대연이요~ 명희양과 신드런~ 삼천리 구름뵈듯~ 영웅과 호걸들은~ 초산의 양피피듯~ 천하를 통일하고~ 해를 집을삼아~ 남경에 도읍하사~ 태평을 이뤘어라~ 곤륜산 일지역에~ 조선이 생겼구나~ 태산에 올라서서~ 팔도강산 둘러보니~ 함경도 백두산은~ 압록강 둘러있고~ 평안도 묘향산은~ 대동강 둘러있고~ 황대도 구월산은~ 세류강 둘러있고~ 경기도 삼각산은~ 임진강 둘러있고~ 충청도 속리산은~ 금강이 둘러있고~ 강원도 금강산은~ 소양강이 둘러있고~ 경상도 태백산은~ 낙동강이 둘러있고~ 전라도 지리산은~ 백마강이 둘러있고~ 우죽에 비껴서서~ 새고을 생각하고~ 삼조선 치국시대~ 임군이 누구일고~ 그아이 상을보니~ 얼굴은 관옥이요~ 풍채는 두목지요~ 필법은 왕휘지라~ 한살먹어 걸음걷고~ 두살먹어 말배우니~ 토진의 구변이요~ 사광의 총명이라~ 동몽선습 사서삼경~ 무불통지 읽어내니~ 처축의 역사일은~ 훌륭한 품이있고~ 공명자 악아증자를~ 좌승의표 서난듯~ 요지여러 팔선녀는~ 동정이 되어있고~ 서안의 칠현금은~ 붕우로 의논하니~ 오로봉으로 위필하고~ 삼산으로 작연하니~ 효제충신 배를타고~ 동류서로 의논하니~ 시동 천자일백배~ 백난산을 기약하니~ 춘당대 알성과에~ 장원급제 바라더라~ 왕세자 즉위하사~ 태평과 보시거늘~ 명지울필 펼쳐놓고~ 관내리 들어가니~ 글제를 걸었으되~ 간구외 문등효라~ 고희심삭 채우실제~ 근고함이 측량없다~ 목욕시켜 누인후에~ 금옥같이 사랑하니~ 한번울면 염려하고~ 두번울면 만져보고~ 진자리에 부모눕고~ 마른자리 골라뉘고~ 추워할까 근심하고~ 배고플까 염려하며~ 별성홍진 쌓여질제~ 부모마음 오죽할까~ 일운대사 지낸후에~ 부모심역 오죽할까~ 부모은혜 생각하면~ 한입으로 빌한손가~ 여보소 우리언제~ 부모은공 갚아보소~ 원삼의 까마귀도~ 반포할줄 알았거든~ 하물며 사람이야~ 부모은공 잊을소냐~ 새벽에 일찍깨어~ 문안부터 먼저하고~ 즐기시는 음식으로~ 정결히 차려드려~ 부모가 확실히 잡으시면~ 자식마음 기꺼워라~ 오래되면 시장할까~ 날이차면 추우실까~

일년삼백 육십오일~ 잠시부모 잊지말고~ 부모가 하시는일은~ 내가먼저 하고~ 부모곁에 앉아있어~ 평안하게 하자구나~ 음성은 나즉이하고~ 안색을 회윤하고~ 극진공경 하게되면~ 부모감동 하시니라~ 부왕모인 순임금도~ 부모님을 기쁘게~ 하였더니~ 자식된 제마음에는~ 그런부모 없느니라~ 무정세월 역류하야~ 한발쌍친 늙어간다~ 우리부모 백년후에~ 봉면할까~ 살아생전 못하오면~ 평생한이 되나니라~ 부모만약 병이들면~ 지성구호 극진하라~ 불행하여 기서하면~ 호천왕극 어이할고~ 두달석달 중예전에~ 마시나니 죽이로라~ 의금관막 갓효라서~ 선상에 평등할제~ 실은중의 정신차려~ 예법을 행하다가~ 총방간리 글시하면~ 승천시 하되리로다~ 우세 지낸후에~ 거승지절 어떠할까~ 후일날이 돌아오면~ 삼천일을 재계하고~ 다른일 생각말고~ 부모생각 할까~ 부귀빈천 수요장단~ 모두다 팔자니라~ 나지도 막못하느니~ 마음 짝히 다가서라~

● 회심곡

천지천지 만물중에~ 유인체구러니
〔후렴〕〈어터딸랑〉
천지만물 생긴후에~ 인생밖에 더중하랴~ 뉘덕으로 탄생했나~ 부모의 덕으로 탄생했나~ 석가여래 발원했나~ 부처님께 기도했나~ 칠성님께 발원했나~ 어머님께 살을베고~ 아버님전 뼈를갈고~ 칠성님께 명을빌고~ 일생 탄생한 연후에~ 부모하는 공로를보라~ 금이야 옥이야~ 길러낼제~ 젖은자리 마른자리~ 곱게곱게 길러낼제~ 부모은공 못갚으고~ 한두살에 철을몰라~ 이삼십이 장성하여~ 부모은공 갚으렸더니~ 부모의 은공 못갚고~ 세상사가 허사로다~ 영결조차 떠난다네

● 장례식 노래

여—보소 단원님네~ 요내말을 들어보소~ 열시물이 학자라도~ 수백명이 하는듯이~ 일심받아 살아보세~ 천지현황 생긴후에~ 일월영책 되었어라~ 만물이—번

성하여~ 천지백관 마련될 때~ 산지조종은 곤륜산이요~ 수지조종은 황하수라~ 곤륜산맥이 떨어져서~ 조선팔도 마련될제~ 함경도의 묘향산은~ 대동강이 둘러있고~ 강원도의 금강산은~ 외금강이 둘러있고~ 황해도 구월산은~ 흑룡강이 둘러있고~ 경상도의 태백산은~ 낙동강이 둘러있고~ 전라도의 지리산은~ 순천강이 둘러있고~ 충청도의 속리산은~ 세류금강이 둘러있고~ 경기도의 삼각산은~ 한강상류 둘러있고~ 오늘주인 상주님이~ 지관을 부를적에~ 어떤지관 불렀는가~ 구천통곡 불렀는가~ 비평통천 어데두고~ 고사개아가 웬일이냐~ 지리박사 도선이요~ 천하명사 박상유라~ 그두명사 불러다가~ 산수지리를 재련하려~ 어디어디 다녔는가~ 조선팔도 다다니고~ 천하강산 편답해도~ 이지리가 으뜸이라~ 이지리가 마련될 때~ 수리산이 주산이요~ 중만산이 명산이라~ 천하대지 여기아니냐~ 이지리를 정한뒤에~ 좌향이나 놓아보세~ 어떤좌향 놓아볼까~

자자오향 신술건해~ 좌청룡 우백호라~ 좌편을 바라보니~ 노적봉이 솟아났네~ 노적봉이 비추었으니~ 곧부자가 날자리요~ 우편을 바라보니~ 문필봉이 솟았구나~ 대대문장 날자리라~ 주룡을 쳐다보니~ 일상봉이 솟았구나~ 일상봉이 비추었으니~ 삼정승 육판서에~ 알상급제 날자릴세~ 고향을 생각하니~ 고향이 어드멘가~ 중원군이 신리면일세~ 알상급제를 해가지고~ 고향으로 돌아올적에~ 일산대를 받은후에~ 삼현육각 재피구서~ 남대문을 썩나서니~ 규규도 장이좋고~ 풍채는 두목지라~ 동대문을 뚝떠나서~ 왕십리를 썩나서니~ 광나루를 숙소하고~ 광나루를 뚝떠나서~ 광주군을 넌짓지내~ 경안읍에 숙소하고~ 경안읍을 뚝떠나서~ 넉고개를 넌짓넘어~ 이천읍에 숙소하고~ 이천읍을 뚝떠나서~ 선비장터를 넌짓지내~ 장원읍에 숙소하고~ 장원읍을 뚝떠나서~ 용원장터 숙소하니~ 고향은 여기로다~ 본댁이 어디멘가~ 소지명으론 경자라~ 부모찾아 상봉후에~ 산수에 조분하고~ 일산대를 꽂고보니~ 천하대지 예아닌가~

● 장례식 메김노래

요 내말을 들어보소~ 여보소 단원님데
〔후렴〕〈에헤――요 달콩〉
열스물이 할지라도~ 수백명이 하는듯이~ 일심받아 잘라보세~ 천지현황 생긴후에~ 일월영책 되었어라~ 만물이 번성하여~ 천지백관 마련될 때~ 산지조종은 곤륜산이라~ 수지조종은 황하수라~ 곤륜산맥이 뚝떨어져서~ 조선팔도 마련될 때~ 함경도 백두산은~ 백마강이 둘러있고~ 평안도 묘향산~ 대동강이 둘러있고~ 강원도 금강산은~ 외금강이 둘러있고~ 황해도 구월산은~ 흑룡강이 둘러있고~ 경상도 태백산은~ 낙동강이 둘러있고~ 전라도 지리산은~ 순천강이 둘러있고~ 충청도 속리산은~ 세류금강이 둘러있고~ 경기도 삼각산은~ 한강상류가 둘러있고~ 모든주인 상주님이~ 지관을 부를적에~ 어떤지관 불렀는고~ 남사과야 남사과야~ 구천통곡 남사과야~ 비령통천 어따두고~ 고사패가 웬일이냐~ 지리백사 도선이요~ 천하명사 박상이라~

그두명사 불렀다가~ 산수자리 마련할제~ 어디어디 다녔는고~ 조선팔도 다다니고~ 천하강산 편답해도~ 이자리가 으뜸이라~ 이리다가 마련될때~ 수리산은 주산이요~ 북망산이 명산이라~ 이자리가 다녔으니~ 천하대지 여기아니냐~ 이자리를 정한후에~ 좌향이냐 우향이냐~ 어떤좌향 놓아볼까~ 좌우향 신술건해~ 좌청룡 우백호~ 좌편을 바라보니~ 노적봉에 비추었으니~ 그부자가 날자리요~ 우편을 바라보니~ 문필봉이 솟았구나~ 대대문장 날자리라~ 주룡을 쳐다보니~ 일상봉이 솟았구나~ 일상봉이 비추었으니~ 삼정승 육판서에~ 알성급제 날자리일세~ 알성급제를 해가지고~ 고향을 생각하니~ 고향이 어드멘가~ 충청북도 중원군 노운일세~ 알성급제 해가지고~ 고향으로 내려올적에~ 일산대를 받은후에~ 삼현육각 재피구서~ 남대문을 썩나가니~ 규규도 장이좋고~ 풍채는 두목지라~ 남대문을 뚝떠나서~ 왕십리를 넌짓지나서~ 광나루에 숙소하고~ 광나루를 뚝떠나서~ 광주군에 숙소하고~ 광주군을 뚝떠나서~ 경안읍에 숙소하고~ 경안읍을 뚝떠나서~ 넉고개를 넌짓넘어~ 이천읍에 숙소하고~ 이천읍을 뚝떠나서~ 선비장터를 넌짓지나서~ 장원읍에 숙소하고~ 장원읍을 뚝떠나서~ 음성군을 넌짓지나서~ 용원장터를 뚝떠나서~ 덕고개를 넌짓넘어~ 노도입장에 숙소하고~ 고향은 여기이냐~ 번택이 어느멘가~ 대동으로 기신동이요~ 소지명으로는 신흥이라~ 번택에 당도하여~ 부모찾아 상봉후에~
산소에 소분하고~ 일산대를 꽂고보니~ 천하대지 예아닌가

● 상여노래

정경엄씨 수리수리~ 마수리
〔후렴〕〈에헤요 에헤—〉
사바라 극락세계로~ 돌아가시옵소서~ 일이합지성 극락세계~ 나무아미타불~ 천지천지 분안후에~ 삼라만상 일어날때~ 우리인생 생겼으니~ 뉘덕으로 생겨났나~ 석가여래 공덕으로~ 아버님전 뼈를얻고~ 어머님전 살을빌어~ 칠성님전 명을빌고~ 제석님께 복을빌어~ 이세상에 탄생하니~ 한두살에 철을몰라~ 부모은공 알을손가~ 이삼십 다되어도~ 부모은공 못다갚아~ 어이없고 애닯도다~ 무정세월 여류하여~ 원수백발 돌아오니~ 없던망령이 절로 나며~ 망령이라 흉을보며~ 구석구석 웃는모양~ 애달프고 설운지고~ 절통하고 통분하여~ 할수없네 할수없어 홍안백발 늙어가니~ 인간의 이공로를~ 누가능히 막을손가~ 훈촌은 연민덕이요~ 왕손은 귀불귀라~ 우리인생 한번늙으면~ 다시젊진 못하리라~ 인간백년 다산대야~ 잠든날과 병든날과~ 걱정근심 다제하면~ 단사십도 못살인생~ 어제오늘 성턴몸이~ 저녁날로 병이들어~ 섬섬하고 약한몸에~ 태산같은 병이드니~ 인삼녹용 약을쓴들~ 약효인들 있을소냐~ 무당불러 굿을하니~ 굿덕인들 입을소냐~ 재미쌀 쓸고쓸어~ 명산대천 찾아가서~ 상탕에 마지짓고~ 중탕에 수족씻고~ 하탕에 목욕하고~ 촛대한쌍 벌려놓고~ 향로향합 불갖추고~ 소지장심 드린후에~ 비나이다 비나이다~ 하느님전 비나이다~ 칠성님전 기도하고~ 신장님전 발원한들~ 어느성현 알음있어~ 갚음이나 할까보냐~ 나는가네 나는가네~ 영결종천 나는가네~ 만장같은 집을두고~ 북망산천 나는가네~ 이제가면 언제오나~ 이

제가면 언제오나~ 뒷동산에 군밤묻어~ 싹이트면 오시려나~ 병풍에 그린황계 두날개 툭툭치며~ 날새라고 고꼬울면~ 오시려나~ 모란봉이 변하여~ 황하수가 변하여~ 육지되어 밭갈면~ 오시려나~ 명사십리 해당화야~ 꽃이진다고~ 서러워 마라 동삼석달~ 꼭죽었다~ 명년삼월 봄이오면~ 너는다시 오련마는~ 우리인생 오늘가면~ 다시오진 못하리라~

● **요령搖鈴 잡기 소리**

만당같은 내집두고~ 천금같은 자식두고~ 문전옥답 다버리고~ 십이군정 어깨버러~ 만첩청산 들어가니~ 구척광산 깊이파고~ 칠성으로 요를삼고~ 뗏장으로 이불삼아~ 살은썩어 물이되고~ 뼈는썩어 진토되어~ 산혼칠백 흩어지니~ 어늬친구 날찾으랴~ 서산에 지는해는~ 지고싶어 진다드냐~ 창해유수 흐른물은~ 다시오기 어렵거늘~ 요순우왕 문무주공~ 공맹안증 정부자~ 또도덕이 관천하야~ 만고성현 일렀건만~ 미미한 우리인생~ 어찌하여 알아보리~ 강태공과 황석공과~ 사마상여 손빈오월~ 만고절색 일렀건만~ 한번죽엄 못면하고~ 명라수 깊으물은~ 굴산려의 충혼이요~ ~산강수 성긴비는~ 오자서의 정령이라~ 채미하던 백이숙제~ 천추명절 일렀건만~ 수양산에 아사하고~ 말잘하던 소진장의~ 육국제왕 다달래고~ 염라대왕 못달래어~

※ 여기까지는 상여가 출발하여 동네 앞을 지날 때까지 부르는 소리로서 더욱 처량하게 천천히 부르며 가는 것이라고 한다.

춘풍세우 두견새에~ 슬픈혼백 뿐이요~ 맹상군에 계명구도~ 신농군에 점우구중~ 만고호걸 일렀건만~ 한산세우 미토중에~ 일분토만 가련하고~ 총일천하 진시황은~ 아방궁에 높이짓고~ 만리장성 굳게쌓고~ 육국조궁 받았건만~ 장생불사 하려고~ 동남동녀 오백인을~ 삼신산으로 불사약을~ 구하려고 보냈더니~ 소식조차 돈절하고~ 사구평대 저문날에~ 여산황초 뿐이로다~

※ 위의 것은 갈 곳이 멀 때 자주 메기면서 발걸음을 재촉하는데 부르는 소리라고

한다.

아침나절 성튼몸이~ 저녁나절 병이들어~ 부르나니 어머니요~ 찾나니 냉수로다~ 흐르나니 눈물이요~ 쉬나니 한숨이다~ 무녀불러 굿을한들~ 굿덕인들 입을소냐~ 판수불러 독경한들~ 경덕인들 입을소냐~ 약방에가 약을지어~ 조석으로 공경한들~ 약덕인들 입을소냐~ 죽기로써 들은병이~ 백약이 무효로다~ 알뜰살뜰 모은재산~ 지고갈거냐 먹고갈거냐~ 오월청사자 쇠사슬들고~ 글천사자 쇠몽치들고~ 활대같이 굽은길로~ 살대같이 달려와서~ 실낱같은 이내목을~ 휘소칭소 동여매어~ 쇠몽치로 덜미치며~ 바삐가자 어서가자~ 대문밖에 내어치니~ 혼비백산 나죽겠네~ 여보시오 사자님네~ 시장한데 점심잡수시고~ 신발이나 들메고서~ 노자한냥 가지고서~ 천천히 완보하세~ 활대같은 굽은길로~ 살대같이 달려가니~ 높은데는 얕아지고~ 깊은데는 높아졌네~ 천방지축 달아나니~ 천금같은 자손들의 거동보소~ 수세걷어 칠성을~ 바쳐놓고 속적삼~ 벗어 손에들고~ 허공중천에 둥둥두르면서~ 성명삼자 부른후에~ 머리풀어 발상하고~ 없던곡성 절로난다~ 염라대왕 들어갈제~ 열두대문 들어가니~ 인정쓰라 손벌리네~ 인정쓸돈 전혀없어~ 옷벗어서 인정쓰고~ 염라대왕 거동보소~ 갖은문초 다받을제~ 무슨공덕 하였느냐~ 배고픈사람 밥을주어~ 기식공덕 하였느냐~ 옷없는사람 옷을주어~ 활인공덕 하였느냐~ 깊은물에 다리놓아~ 월천공덕 하였느냐~ 높은산에 불당지어~ 염불공덕 하였느냐~ 요전연에 가려느냐~ 극락세계 가려느냐~ 신선선녀되려느냐~

※ 이 글은 상가에서 하는 일이 거의 열거해 놓고 사람이 죽어서 저 세상에 가서 하는 일에 대하여 말한 것이다.

전라·제주도

● 상여노래

부귀영락 받던복락~ 오늘날로 가이~ 공산야월 두조는~ 날과같은 한일인가~ 넘어졌던 구름~ 종적조차 볼수없네~ 장류수는 한번가면~ 다시올까~
저콩은 봄이오면 싹이트나~ 이골저골 영이길~ 가고마네 이산저산~ 피는꽃도 좋아마소~ 만고제왕 후비들도~ 영계던가~ 나간다고 설워말고~ 살았다 가네~ 오던길이 어디메뇨~ 열반길로 나는가네~
오던길로 나는 될지라도~ 일단고명 역력하다~ 극락인가 열산고해~ 지중이다~ 천지소멸 생명이냐~ 불생불멸 현전이다~ 천당인가 왕생이냐~ 무거무래 참말이다~ 무생은 한은~ 태평바다 눈물인가~ 영결이냐 죽는날도~ 아니죽네~ 생각대로 못한인생~ 먼저 일렀어라~ 진실사업 하던사람~ 들어보소~ 인간칠십 고래희는~ 고허망하다 몸중가던 이세상에~ 초로인없어~ 실상없이 살던몸이~ 이제다시 날아보서~ 헌신하고 신식으로~ 구전보아서 회심하고~ 구식으로 구전사람~ 날보아서 자각하소~ 주색계에 불량자는~ 날보아서 발심하소~ 명리잠에 허된사람~ 날보아서 개량하소~ 두상심이 없는사람~ 날보아서 동정하소~ 야만심이 많은사람~ 날보아서 그만두소~ 생애심이 적은사람~ 날보아서~ 이기생활 하는사람~ 날보아서~ 악심도심 모진사람~ 날보아서~ 그만 연화대로 간더더니~ 공동묘지 웬말인가~ 미래련가 다못현재~ 일념이다 진상인지 생노병사~ 그뿐이라~ 과거련가 날보아서~ 향상하소~ 무상인지 날보아서~ 독립하소~ 자비심이 없는사람~ 날보아서 양성하소~ 노예심이 많은사람~ 단결하소~ 공덕심이 없는사람~ 날보아서~ 사회심이 없는사람~ 날보아서~ 장부심이 없는사람~ 날보아서~ 용단없는 사람~ 날보아서 발신하소~ 근면심이 없는사람~ 날보아서 쉬지마소~ 종교심이 열단노두~ 어데던가~ 이물동정 의심마소~ 가가문호 몰랐더니~ 다시보니 장안이다~ 번지풍랑 누가몰래~ 청산유수 어데없어~ 생사대사 깨던사람~ 고금

천하 몇몇인가~ 깨치거던 일러주소~ 구전신신 할길없어~ 애고—대고

● 장례식 때 메김노래

금옥같이 귀한몸도~ 죽으니 흙이되네

〔후렴〕〈너호세〉

가네가네 찾아가네~ 북망산천 찾아가네~

금옥같은 자식두고~ 어이그리 무심한고~

북망산천 누굴보러~ 홀로이 가시는고~

흙으로 집을짓고~ 몇천년을 살려는고~

※ 이것은 일정한 형식이 없고 선창자가 자기의 마음대로(주제대로) 구슬픈 목소리로 창(노래) 비슷하게 청성을 내어 부르면 후창자가 〈너호세〉를 후렴으로 반복해 부르게 된다. 그리고 무덤을 덮을 때는 선창자가 이어 형식 없이 선창을 하면 후창자는 〈에이여 탈개〉 혹은 〈탈개〉를 반복한다.

그 후 묘(墓)를 다 쓰고 제사를 지낸 후에는 각자 집으로 돌아오게 된다.

● 향두가

〈간살보살 간살보살 간살보살〉 ⑴

〈언오 언오 언오〉

가세가세 머안길에~ 몇날이나 걸어갈까

〔후렴〕〈어이 어—야〉

나살던집 버리고~ 북망산천에 어느누가~ 있어서 북망산천으로~ 가다란 말이요~ 잘가시오 잘가시오~ 인제 가시면~ 언제 오신단 말이오~ 오신단날짜나 좀알려주오~ 명년요때 꼭 오시겠소~ 잘있소 잘가시오~ 나는가네 잘있소~ 동네 노소간에~ 나는가네 잘계시오~ 사선고물도선 북망산천에~ 누구를믿고 갈거나~ 산천초목도 자랐느냐~ 어제날은 초면이지만~ 오늘부턴 벗을삼아~ 앞으로는 이웃되어~ 조석삭망 만나며는~ 가까웁고 친절하게하세~ 원통하네 절통하네~ 살아생

전에 앞으로~ 나다니는데 한번 죽어진게~ 등으로 모네~ 세상살아도 살데없다~ 가네가네 나는가네~ 인제가면 언제 다시와서~ 동락을 같이 맞댈거나~ 세월아 세월아~ 오고가지 말아라~ 어제날은 나도 청춘인데~ 오늘날은 백발이라~ 허송세월 다보내고~ 북망산천에 영영가네~ 잘가시오 잘가시오~ 호호탕탕 넓은길로~ 극락세계로 가십시오ㅍ
〈오오 오해 대고〉 (쉬자는 소리)
주: ⑴ 간살보살……관세음 보살의 준말로서 사투리

● 상여 나갈 때의 소리
못가겠네 못가겠네~ 그리운 내고향을
버리고 못가겠네~ 나는 못가겠네
[후렴] 〈원호 원호 원호라 원호〉
그리운 내집아~ 그리운 내고향아
그리운 내 자식아~ 천당에서 다시 만나세

● 회심곡
세상천지 만물중에~ 사람위에 또있는가~
어머님전 살을빌고~ 아버님전 뼈를받아~
칠성님께 명을받고~ 제석님께 복을받고~ 산신님께 석가지도받고~ 이세상에 태어나니~ 진자리는 어머님눕고~ 마른자리 아기눕고~ 불면날까 쥐면꺼질세라~ 금자동아 은자동아~ 금을주면 너를사랴~ 은을주면 너를사랴~ 부모에 효자동이~ 나라에 충신동이~ 형제간에 우애동이~ 일가친척 화목동이~ 근동에는 유신동이~ 두세살이 지나가니~ 한두살에 철을몰라~ 부모은공 몰랐으니~ 그럭저럭 지나가다~ 나이 17세 당도하니~ 부모은공 갚을생각~ 머리비며 신삼을제~ 상치뽑아 신날꼬고~ 중치로는 총을대고~ 하치로는 바닥얽고~ 이삼십을 당도하니~ 애옥살인 자심하여~ 부모은공 못다 갚았으니~ 부모는 돌아가시니~ 사오십을 당도

하며~ 그럭저럭 늙게되니~ 아침나절 성턴몸이~ 저녁나절 병이들어~ 몸살인지 대살인지~ 죽을병이 들었는지~ 의원들여 침을놓니~ 침덕이나 입을소냐~ 인삼 녹용 약을쓰니~ 약덕이나 입을소냐~ 약을써도 소용없고~ 굿을 읽어도 소용없어~ 백미세되 세홉을~ 씻고 씻어서~ 명산대천을 찾아가서~ 중탕에는 목욕하고~ 하탕에는 수족씻고~ 상탕에는 공양미지어 초한쌍 불밝히고~ 소지삼장 올린후에~ 명산대천 비나이다~ 정성덕이 없을소냐~ 죽을병이 들었구나~ 저승에서 일직사자~ 월직사자가 와~ 쇠시슬로 목을 얽고~ 쇠몽치로 등을치니~ 아니가지 못하리라~ 사자님사자님 부르고~ 지은밥이나 퍼서먹고~ 신발이나 고쳐신고~ 구사당에 하직하고~ 신사당에 하직하고 허배~ 같이 가겠으니~ 사자가 하는말이~ 시늦고 때늦으니~ 어서가자 어서가자~ 활등같이 굽은길에~ 살대같이 몰아가니~ 동기간이 많다한들~ 어느누가 대신가랴~ 친한벗이 많다한들~ 어느누가 대신가뇨~ 저승에 들어가니~ 열두대왕 좌우하고~ 이승에서 좋은일을 하였느냐 못한일을 하였느냐~ 배고픈자 밥을주어~ 기사공덕 하였느냐~ 헐벗은자 옷을주어~ 의복공덕 하였느냐~

목마른자 물을주어~ 급수공덕 하였느냐~

좋은밭에 원두놓아~ 행인공덕 하였느냐~

좋은일을 하였으면~ 극락세계 보내주고~

못한일을 하였으면~ 지옥으로 보내준다.~

● **상거가(喪擧歌)**

인제가면 언제나 오시나요 오시난날을 일러주오

[후렴] 〈어허 어허뇨 어이가리 어허뇨〉

조그마한 조약돌이~ 광석이 되면 오시라요~ 병풍에 그린 봉황이~ 울고나면 오시라요~ 조그만한 개울물이~ 바다가 되면 오시라요~ 황천산만 먼먼길을~ 다리가 아파서어이가리요~ 얼참장사 한태조도~ 장생불사 못하였고~ 이군불가 제황초도~ 장생불사 못하였고~ 삼국사명 조자룡도~ 장생불사 못하였고~ 사명축돌 초패왕도~ 장생불사 못하였고~ 오관참장 관운장도~ 장생불사 못하였고~ 육군운합 진시황도~ 장생불사 못하였고~ 칠년대한 응성탕도~ 장생불사 못하였고~ 팔세위상 진영감도~ 장생불사 못하였고~ 구세동거 장공예도~ 장생불사 못하였고~ 십년지졸 한소무도~ 장생불사 못하였고~ 백세안과 각자리도~ 장생불사 못하였고~ 천일비수 김도람도~ 장생불사 못하였고~ 만세전공 공부자도~ 장생불사 못하였고~ 억조원대 댕요시도~ 장생불사 못하였고~ 산지조종은 곤륜산이요~ 수지조종은 황하수라~ 곤륜산산맥이 떨어를져서~ 백두산산봉이 생기시고~ 백두산산봉이 떨어를져서~ 평안도자물산이 생기시고~ 송악산산맥이 떨어를져서~ 황해도 구월산이 생기시고~ 금강산산맥이 떨어를져서~ 경기도 삼각산이 생기시고~ 삼각산산맥이 떨어를져서~ 충청도 계룡산이 생기시고~ 계룡산산맥이 떨어를져서~ 전라도 지리산이 생기시고~ 지리산산맥이 떨어를져서~ 경상도 태백산이 생겼고나~ 경상도라 태백산은~ 낙동강을 귀경허고~ 전라도라 지리산은~ 섬진강을 귀경허고~ 충청도라 계룡산은~ 백마강을 귀경허고~ 경기도라 삼각산은~ 한강을 귀경허고~ 강원도라 금강산은~ 세류강을 귀경허고~ 황해도라 구월산은~ 대동수를 귀경허고~ 송도 송악산은~ 임진강을 귀경허고~ 평안도 자물산은~ 대동강을 귀경허고~

경상도

● 황천 회고곡(黃泉回顧曲)

천지천지 부난후에~ 천지천지 만물중에~

사람밖에 또있는가~ 여보시오 시주님네~

이내말씀 들어보소~ 이세상에 나온사람~ 뉘덕으로 나왔는가~ 건곤님의 은덕으로~ 불보살의 공덕으로~ 아버님전 명을빌고~ 제석님전 복을빌어~ 이내일신 탄생하니~ 한두살에 철을몰라~ 부모은공 알을손가~ 이삼십을 당하여도~ 부모은공 못다갚아~ 무정세월 여류하여~ 원수백발 되었으니~ 없던망령 절로난다~ 한심하고 슬프도다~ 어찌하여 슬프던고~ 이세월이 견고할줄~ 태산같이 믿었더니~ 백년광음 못다가서~ 백발되니 슬프도다~ 창일이 글자낼제~ 늙을노자 왜냈던고~ 진시황제 분서시에~ 타지않고 남았는가다~ 우리인생 왜늙는가~ 늙지않고 망령없이~ 하나님전 빌어볼까~ 칠성님전 빌어볼까~ 부처님전 빌어볼까~ 제석님전 빌어볼까~ 이리저리 빌어봐도~ 늙어서 망령되니~ 만사도시 허사로다~ 이팔청춘 소년들아~ 백발보고 웃지마소~

어제청춘 오늘백발~ 애닲고도 설운지고~ 인간에 이공도를~ 뉘능히 막을손가~ 춘초는 여록이요~ 왕손은 귀불귀라~ 우리인생 늙어지면~ 다시젊지 못하도다~ 인간백년 다살아야~ 잠든날과 병든날과~ 걱정근심 다제하면~ 단사십도 못산인생~ 어제오늘 성턴몸이~ 저녁나절 병이드니~ 섬섬약질 가는몸에~ 태산같은 병이드니~ 부르느니 어머니요~ 찾느니 냉수로다~ 인삼녹용 약을쓴들~ 약효험이 있을손가~ 판수불러 경읽으니~ 경덕인들 입을손가~ 무녀불러 굿을하니~ 굿덕인들 입을손가~ 재미쌀 쓸고쓸어~ 명산대천 찾아가서~ 하탕에 수족씻고~ 중탕에 목욕하고~ 상탕에 마지지어~ 촛대한쌍 벌려놓고~ 향로향합 불갖추고~ 소지삼장 드린후에~ 비나이다 비나이다~ 하나님전 비나이다~ 칠성님전 비나이다~ 제석님전 발원하고~ 신령님전 공양한들~ 어느성현 이름있어~ 감흥할까 할수없다~ 할수없다 명사십리~ 해당화야 꽃진다고~ 설워마라 명년삼월~ 봄이오면 너는다시~ 피려니와 우리같은~ 초로인생 한번가면~ 다시오기 어려워라~ 영결종천 아주가네~ 극락세계 환생하니~ 이세상을 다시왔네~ 그아니 좋을소냐~

선심하고 마음닦아~ 불의행사 하지마오~ 회심곡을 업신여겨~ 우마사신 못면하고~ 구렁배암 되나니라~ 조심하여 수신하라~ 수신제가 잘만하면~ 치국안민 하오리라~ 아무쪼록 심을쓰오~ 적덕을 아니하면~ 신후사가 참혹하다~ 바라나니 우리형제~ 자선사업 많이하여~ 내생길을 잘닦아서~ 극락으로 다시가서~ 이세상을 다시오세~

● 장의식가

북망산천 머다마소
〔후렴〕 〈애―호 애―호 어이아 넘자 애호〉
북망산천 나는간다~ 건넛산이 북망산일세~
울지마라 울지마라~ 아가아가 울지마라~ 네가울면 날이새나~ 달이울어야 날이새지~ 병풍에 그린닭이~ 훼치거든 오려는가~ 살강밑에 묻은밤이~ 움돋거든 오려는가~ 풋잎은 한번가면~ 춘삼월에 다시오건만~ 이내몸은 한번가면~ 어느때나 다시올고~ 만장같은 집을두고~ 산천초목 나는간다~ 비가오니 온줄알까~ 눈이오면 온줄알까~ 얼굴이 눈에삼삼~ 말소리 귀에쟁쟁~
일어나소 일어나소~ 나를두고 간단말가~ 야삼경 깊은밤에~ 누웠은들 잠이올까~ 앉았은들 엄마올까~ 가련하고 원통하다~ 무정세월 가지마라~ 불러봐도 대답없고~ 울어봐도 대답없다~ 원통해 불러보고~ 피땀을 흘려가며~ 통곡합니다.ㅍ 엄마엄마 우리엄마~ 자식된 도리로~ 산소에 엎드려~ 통곡합니다.

● 향두가

고향산천 잘있거라~ 나는간다
〔후렴〕 〈어―허 어―허 어―허 넘자 어―허〉
부모형제 이별하고~ 백년처권아 잘있거라~
이웃사람도 잘있시소~ 만첩산중에 나는가오~ 황토흙걸 밥을삼고~ 띠짠댐이 옷을삼고~ 흐르는 물을 낙을삼고~ 소나무를 정자삼고~ 기러기 벗을삼아~ 북망산천에 나는가네~ 앞산은 점점 가까와지고~ 뒷산은 점점 멀어지네~ 저기가는 저기

럭아~ 우리고향 가거들랑~ 편지한장 전해주소~ 이내소식 전해주소~ 우리부모 잘있던가~ 백년처럼 잘있던가~ 어린자식 잘커던가~ 이웃사람도 잘있던가~ 무정세월아 빠르구나~ 잡을래도 안잡히네~ 춘삼월이 또돌아와도~ 우리고향 언제갈고~ 아가아가 울지마라~ 본사람이 너무울면~ 눈도붓고 목도쉰다~ 아가아가 울지마라~ 나간다고 설워마라~ 다시갈길 또있을까~ 언제한번 만나볼고~ 어서가자 재촉하네~ 사자님이 재촉하네~ 여보시오 사자님네~ 신발이나 고쳐가세~ 목마른데 술한잔하고가세~ 그것도 불귀하고~ 등을밀고 앞을당겨~ 시사실로 등을치네~ 어서가자 바빼가자~ 사자님의 영의무서~ 쉬어가도 못하겠네~ 앞도뒤도 보지말고~ 어서바빼 가자카네~ 백년처권이 울고있네~ 어린자식 울고있네~ 우리부모 우리형제~ 날간다고 설워하네~ 불쌍하다 나의신세~ 만첩산중에 돌아가니~ 수중고혼 다되가네~ 무정하다 내세월아~ 인제가면 언제오노~ 다시올줄 모르더라~ 춘삼월은 또 돌아오고~ 나뭇잎은 다시피고~ 꽃도피고 잎도피고~ 춘추를 알고오고~ 나의청춘은 한번가니~ 춘추도 모르더라~ 연년이올줄 나는 몰라~ 산천초목은 젊어오는데~ 인간청춘 한번가니~ 무정하게 안돌아오네~ 어화넘자 무정세월~ 사람청춘 허무하다~ 세월버리고 가는몸이~ 단팔십도 못다살고~ 떠나가는 이세월아~ 부디부디 부탁하자~ 우리형제 부탁하자~ 부모님께 할말못해~ 형제에게 할말못해~ 설운지고 돌아가니~ 부디부디 부탁하네

● **장례식 메김노래**

일시암영 극락세계~ 나무아미 타—불—

[후렴] 〈애해 님차 애라〉

천지는 분란후에~ 삼라만상 일어나니~

세상천지 만물중에~ 사람밖에 또있는가~ 이세상에 나온사람~ 뉘덕으로 생겨났나~ 여보시오 시주님네~ 이내말씀 들어보소~ 보살님 은덕으로~ 아버님전 뼈를 빌고~ 어머님전 살을빌고~ 칠성님전 명을타고~ 제석님전 복을타고~ 석가여래

제도하야~ 인생일신 탄생하니~ 한두살에 철을몰라~ 부모은공 모르다가~ 당한후에 고생살이~ 부모은공 갚을손가~ 절통하고 애통하다~ 머리뽑아 신을삼고~ 살을베어 창을박고~ 이를빼어 징을걸어~ 아버님도 신으시오~ 어머님도 신으시오~ 부모은공 못다갚고~ 무정세월 약류하여~ 원수백발 달려드니~ 인생칠십 고래희라~ 없던원망 절로난다~ 말엎드려 변할소냐~ 이팔청춘 소년들아~ 노인망령 웃지마라~ 눈어둡고 귀먹으니~ 망령이라 웃는모양~ 절통하고 애닯도다~ 하릴없고 하릴없다~ 홍안백발 되었으니~ 다시젊지 못하리라~ 인생백년 다살려도~ 병든날 잠든날~ 근심걱정 다제하면~ 단사십을 못사느니~ 나무아미 타─불── ~ 어제오늘 성턴몸이~ 저녁나절 병이들어~ 부르나니 어머니요~ 찾나니 냉수로다~ 인삼녹용 약을쓴들~ 약덕인들 입을손가~ 판수들여 송경한들~ 경덕이나 입을손가~ 무녀불러 굿을한들~ 굿덕이나 입을손가~ 백미서되 쓸고쓸어~ 명산대천 찾아가서~ 상탕에 마지하고~ 중탕에 목욕하고~ 하탕에 세수하고~ 황초한쌍 불켜놓고~ 향로향합 불갖추고~ 소지한장 올린후에~ 비나이다 비나이다~ 하나님전 비나이다~ 칠성님께 기도하고~ 부처님께 공양한들~ 어느곳 부처님이~ 응하여 살을손가~

나무아미 타─불──

십왕전에 부리던사자~ 십왕전에 명을받아~ 일직사자 월직사자~ 한손에는 배자들고~ 또한손에 철퇴들고~ 오과사슬 비껴들고~ 활등같이 굽은길로~ 살대같이 달려들어~ 천둥같이 호령하여~ 성명삼자 불러내어~ 어서가자 바삐가자~ 뉘분부라 거사리며뉘영이라 지체할까~ 실낱같은 이내목에~ 팔뚝같은 쇠사슬을~ 한번매어 끌어내니~ 혼비백산 나죽겠네~ 사자님네 이내말씀~ 들어보소 시장한데~ 점심이나 잡수시고~ 신발이나 고쳐신고~ 노자나 가지고가세~ 만단개유 애걸한들~ 저사자 들을손가~ 애고답답 설운지고~ 혼비백산 나죽겠네~ 불쌍하다 이내일신~ 인간화즉 망극하다~ 명사십리 해당화야~ 꽃진다고 설워마라~ 명년삼월 돌아오면~ 너는다시 피려니와~ 인생한번 돌라가면~ 다시오기 어려워라~ 이세상을 하직하고~ 북망산천 가로리라~ 어찌할까 깊은심산~ 정처없는 길이로다

~ 불쌍하고 가련하다~ 언제다시 돌아오리~ 처자식의 손을잡고~ 만단설화 유언하고~ 정신차려 둘러보니~ 구십객 아버님이~ 약탕관을 벌여놓고~ 한모금 더받아라 두모금 더받아라~ 한심하고 한숨지어~ 혼비백산 나죽겠네~ 웃목을 바라보니~ 팔십객 어머님이~ 미음그릇 앞에놓고~ 한숟갈 더받아라 두숟갈 더받아라~ 눈물짓고 앉은모친~ 혼비백산 나죽겠네~ 지성구호 극진한들~ 죽은명을 살릴소냐~ 옛늙은이 말들이~ 저승길이 멀다더니~ 오늘내게 당하여서~ 대문밖이 저승일세~ 친구벗이 많다한들~ 어느누가 등장갈까~ 구사당에 허배하고~ 신사당에 하직하고~ 대문밖을 썩나서니~ 적삼내어 초혼하니~ 없던곡성 낭자하네~ 월직사자 등을밀고~ 일직사자 손을끌고~ 천방지축 돌아갈제~ 높은데는 얕아지고~ 얕은데는 높아지니~ 시장하고 숨이차다~ 애옥하고 고생살이~ 알뜰살뜰 모은전량~ 먹고가나 쓰고가나~ 세상이 허사로다~ 사자님네 쉬어가세~ 들은척도 아니하고~ 쇠몽치를 두다리며~ 어서바삐 가자하니~ 그럭저럭 열나흘에~ 저승원문 다다르니~ 우두나찰 마두나찰~ 소리치며 달려들어~ 인정달라 하는소리~ 인정쓸돈 많이없다~ 담배주려 모은돈을~ 인정한번 써나보세~ 저승으로 나려갈제~ 환전부쳐 가져올까~ 의복벗어 인정쓰고~ 열두대문 들어가니~ 무섭기도 그지없고~ 두렵기도 측량없다~ 대령하고 기다리니~ 황사장이 분부하여~ 남녀죄인 잡아들여~ 다짐받고 문초할제~ 귀명천제 나졸들이~ 전후좌우 벌려서서~ 기치창검 삼열한데~ 한장기구 차려놓고~ 대상호령 기다릴제~ 엄숙하기 측량없다 ~ 남녀죄인 잡아들여~ 차례차례 점구하야~ 나림한후 형벌하고~ 묻는말이 이놈들아~ 보아라 선심하여~ 발원하고 진세간에~ 나가더니 무슨선심~ 하였느냐 바른대로~ 아뢰어라 용왕비간~ 본을받아 항상극진~ 충성하며 증자왕생~ 효직하야 혼정신성~ 효도하며 늙은이를~ 공경하고 형제간에~ 우애하고 제공화순부에~ 무슨화목 하였으며~ 붕우유신 하였느냐~ 선심공독 하마더니~ 무슨선심 하였느냐~ 바른대로 아뢰어라